唯物論と現代

2024.6　No.69

特集１　ウクライナ戦争をどう見るか

ウクライナ戦争から日本の平和と安全を考える　山田敬男　2

ウクライナに平和をとりもどすために
―レーニンとウクライナ問題にもふれて―　聽濤　弘　20

特集２　ここにある社会主義

松井暁『ここにある社会主義』について　芦田文夫　34

ポスト新自由主義としての社会主義
―芦田文夫氏による拙著への書評に応えて―　松井　暁　45

松井暁『ここにある社会主義
―今日から始めるコミュニズム』を読んで　太田弘司　61

論　文

「特別の教科 道徳」の反憲法的性質、及び今後の課題
―生活認識を高め、社会の進歩と結ぶ道徳教育を―　安井　勝　66

研究ノート

マルクスの思想と恐慌論――不破哲三氏の所説の検討　牧野広義　84

エッセイ

高等学校国語教育の最近の動向について　向井哲夫　97

追　悼

亀山純生さんへの追悼と思い出　尾関周二　109

編集後記

特集1　ウクライナ戦争をどう見るか

ウクライナ戦争から日本の平和と安全を考える

山田敬男

一　ウクライナ戦争を考える視点

（1）ウクライナ戦争の性格

ロシアのウクライナへの覇権主義的侵略戦争である

プーチンは、二二年二月二四日の開戦演説で、「特別軍事作戦」と称して、国連憲章第五一条の自衛権の発動を戦争の根拠や目的としているが、合理性や正当性に欠けた一方的なものである。ロシアが承認したドネツク、ルガンスク人民共和国の要請に基づく集団的自衛権の行使というが、この「両国」はウクライナの紛争の中で、親ロシア勢力によって「独立」が宣言されたもので、戦前の「満州国」のような傀儡政権であり、こうした「国」を軍事的に支援するのはウクライナへの違法な内政干渉と言える。また、ウクライナが核兵器の取得を追求し、NATO加盟を求め、ロシアに対する領土請求をおこなっていることへの個別的自衛権の行使というが、それが仮に事実であっても外交上の問題で、ウクライナがロシアへの軍事侵攻をしているわけではないので、個別的自衛権の行使も成り立たない。

ロシアは一気に首都キーウを占領し、現政府追放、親ロシア臨時政府樹立をもくろんだが、ウクライナの抵抗で戦略を転換し、東部のドンバスと南部での攻勢を強め、二二年九月三〇日に東・南部四州（ルガンスク、ドネツク、ザポリージャ、ヘルソン）の併合を宣言した。ロシアの軍事侵攻は、国連憲章第二条三項の「国際紛争の平和的解決の義務」、第二条四項の「武力による威嚇と武力行使の禁止」

を真っ向から蹂躙するものであり、正当化できない侵略戦争である。この点でロシアの侵略を糾弾し、ウクライナからの撤退を求める一連の国連決議の意味が重要である。

「戦争の違法化原則」と「脱植民地化原則」による国際秩序を破壊

重要なことは、この侵略戦争が二〇世紀の二つの世界戦争の悲劇的な体験を通じて成り立っている「戦争の違法化原則」と「脱植民地化原則」による国際秩序を破壊し、かつての〝帝国主義の時代〟に歴史を引き戻そうとする暴挙であったことにある。

「戦争の違法化」原則は第一次世界大戦（一九一四〜一八年）後の国際連盟の創設（一九二〇年）によって具体化され、一九二八年のパリ不戦条約によって合意された。それまでは、国際秩序を守るには、どの国も戦争をする権利があるという無差別戦争観が国際的な考え方であったが、この合意によって戦争は違法であると戦争観の根本的な転換がおこなわれた。

第一次世界大戦でおよそ一千万人の犠牲者が生まれ、「ヨーロッパの没落」が言われるなかで、この悲劇をくいとめる国際的努力の開始であった。しかしこの不戦条約には、自衛戦争は例外という抜け道があった。不戦条約後の戦争は、専ら「自衛」という大義名分で開始されるようになる。この結果、戦争の開始に歯止めがかからず、ドイツ・ナチズムや日本の軍国主義の登場によって、第二次世界大戦（一九三九〜四五年）が開始され、約五五〇〇万人の犠牲者が生じる。ナチズムによるホロコースト、日本軍国主義の南京虐殺、アメリカのヒロシマ・ナガサキへの原爆投下など人類の生存を脅かす悲劇が生まれた。

このなかで、一九四五年一〇月に国際連合が創設され、国連憲章では戦争の違法化原則が大きく発展した。国際紛争を平和的に解決することが加盟国の義務になり、戦争だけでなく「武力による威嚇と武力行使の禁止」が原則とされ、戦争の違法化原則が発展した。こうして、二つの世界大戦を通じて「戦争の違法化原則」による国際秩序の構築という新しい時代を迎えることになった。

戦後国際秩序のもう一つの柱は、「脱植民地化原則」である。二つの世界大戦、とりわけ第二次世界大戦を契機に民族解放運動が世界的に発展し、やがて植民地体制が崩壊する。アジア、中近東、アフリカなど世界的に旧植民地・従属国が独立し、第三世界が国際政治で大きな政治勢力になる。一九五五年のアジア・アフリカ会議はそのことを象徴していた。これを受けて、一九六〇年の国連総会で、「植民地独立付与宣言」が決議され、植民地支配の不当性が国際的に合意される。さらに、一九六六年の国際人権規約の第一条で「すべての人民は、自決の権利を有する」と明記された。また、二〇〇一年九月、国連で採択された「ダーバン宣言」では、植民地支配は過去に遡って非難されなければならないとされた。一六世紀以来、資本主義は植民地支配をともなって発展してきたが、その植民地支配が不当とされたのである。このことを決定的にしたのが、アメリカのベトナム侵略戦争（一九六五～七五年）での敗北であった。こうして、二〇世紀後半、植民地体制が崩壊し、「脱植民地化」が国際秩序の基本原則になる。

ロシアのウクライナ侵略は、この二つの原則を公然と踏みにじり、二〇世紀前半の帝国主義的な国際秩序に引き戻そうとする犯罪行為そのものであった。

憲法学の清末愛沙氏は「ロシアの軍事侵攻の構造や長期化にともない、部分的には代理戦争のあらわれと理解できるような側面もあるが、それを問題の中心的・本質的なものと位置づけると、攻撃にさらされているウクライナ人の主体性を後部に押しやることになり、また両国の歴史的な経緯や関係性を無視することにつながりやすい」と指摘しているが、きわめて大事な提起と思われる（「日本国憲法から考える小さな幸せを支える尊厳―『新しい戦前』を進行させないために」『月刊全労連』二〇二三年九月号）。

（2）ウクライナ問題の背景にあるもの
OSCEを軸にヨーロッパの安全保障

ここで見ておくべきことは、冷戦崩壊後、ヨーロッパの平和と安全をめぐってどのような模索と努力がおこなわれ、それがなぜ今度のロシアの侵略戦争になったのか、その歴史的教訓は何かという問題である。

ヨーロッパでは、冷戦の中で、NATO（北大西洋条約機構）とワルシャワ条約機構という二つの軍事ブロックが対立していた。そのなかで、一九七五年、アルバニアを除く全欧州諸国、アメリカ、カナダの三五カ国によって全欧安全保障協力会議（CSCE）が開催され、「武力行使または武力による威嚇の禁止」「紛争の平和的解決」など一〇原則を定めた「ヘルシンキ最終文書」が合意される。九〇年には、「欧州の対立と分断は終わった」という「パリ憲章」が採択された。そして、冷戦崩壊後、一九九五年に、それまでの全欧安全保障協力会議（CSCE）が改組され、欧州安全保障協力機構（OSCE）が発足する。CSCE

は冷戦期の東西の政治的対話や人的交流を主な活動としていたが、ＯＳＣＥは冷戦後の紛争防止とその解決を目指して活動することになり、一九九九年には「ヨーロッパ安全保障憲章」を採択した。「憲章」では、「ＯＳＣＥを域内の紛争の平和的解決のための主要な機関」とし、「域内の紛争の平和的解決」の合意が形成された。ＯＳＣＥは「仮想敵」を持つ軍事同盟ではなく、ＮＡＴＯ加盟諸国やロシア、ウクライナも参加する包括的な機構である。このＯＳＣＥを軸にヨーロッパの安全保障と紛争防止の努力が始まる。きわめて画期的なことであった。

ＮＡＴＯの東方拡大政策

しかし、ＮＡＴＯは、ワルシャワ条約機構が解体し（九一年三月）、ＯＳＣＥによるヨーロッパ安全保障の枠組みができたにもかかわらず、解散せず、拡大強化＝東方拡大の道を追求した。具体的に、ＮＡＴＯはロシアとの関係を改善しながら、旧ソ連邦構成諸国をＮＡＴＯに引き入れる東方拡大政策の展開である。

一九九七年にはＮＡＴＯ一六カ国首脳とエリツィン・ロシア大統領が「ＮＡＴＯ・ロシア基本文書」に調印し、「お互いを敵とはみなさない」ことを確認した。「基本文書」では、ＮＡＴＯ新規加盟国への核兵器の配備をしないこと、通常兵器に関しても、追加配備をしないことをあきらかにした。ロシアでプーチン政権が誕生（二〇〇〇年五月）すると、プーチン大統領を招待したＮＡＴＯ特別首脳会議で「ＮＡＴＯ・ロシア理事会」の設立が決定される（二〇〇二年五月）。ロシアはＮＡＴＯの加盟国と対等のパートナーとなったとされ、ロシアのＮＡＴＯへの「準加盟」とも言われた。

こうした経緯のなかで、九九年には、チェコ、ハンガリー、ポーランドがＮＡＴＯに加盟。さらに、〇四年に中・東欧七カ国がＮＡＴＯに加盟し、〇八年にはクロアチアとアルバニアがＮＡＴＯに加盟するが、ロシアは表だった抗議をしなかった。

こうした東方拡大政策と一体的におこなわれたのが、ユーゴ内戦への介入である。ユーゴ内戦は一九九一年に始まり、二〇〇一年に収束したが、ＮＡＴＯは、アメリカの主導のもとに、人道介入の名目で武力介入し、セルビアを空爆し、武力で収束をはかったのである。その後、アフガニスタン、イラクへのアメリカ主導の有志連合による武力介入がおこなわれる。ＮＡＴＯは域内平和維持から域外平和維持へと基本原則を変質させる。この変質が東方拡大政策と結びついており、ＯＳＣＥを軸にヨーロッパの安全保障と紛争防止の枠組みが無視され、ＮＡＴＯという軍事同盟による「力」の政策によって、安全を追求することになった。

「力」と「力」の対決

こうしたＮＡＴＯの変質と東方政策の拡大にロシアは危機感を強めていく。ロシアはこれに対抗して、ロシアを盟主とする軍事ブロック（集団安全保障条約機構＝ＣＳＴＯ）を発足させる（〇七年）。「力」に対する「力」が欧米とロシアの間で復活したのである。冷戦崩壊後、欧州安全保障協力機構（ＯＳＣＥ）が発足し、包括的な枠組みで、ヨーロッパの平和と安全が追求されはじめたが、軍事同盟による「力」のぶつかり合いが復活し、真の平和的秩序をつくり出すことが困難になる。

二〇〇八年、ＮＡＴＯの首脳会議で、ウクライナ及びグルジアのＮＡＴＯ加盟を合意されると（ただし、ウクライナの加盟は「将来の加盟」）、ロシアの反発が強まり、西側への警戒が強くなった。

ウクライナでは、ＥＵ（欧州連合）接近かロシアとの関係重視かで国内対立が激しくなった。二〇〇四年のウクライナの「オレンジ革命」で親露政権が倒れ、親欧米的政権が成立し、ＥＵとともにＮＡＴＯ加盟を求めるようになる。

その後も政権交代が続き、ウクライナの混乱が続くが、二〇一四年に親露政権が倒される政変が起きると、ロシアは一方の側の保護を口実に軍事介入し、南部のクリミアで「住民投票」を行い、一方的にクリミアをロシアに併合した。さらに東部二州（ドネツク、ルガンスク）で親ロシア武装勢力が登場し、「独立」を宣言し、ウクライナ政府との軍事衝突が続いた。この紛争を解決するため、二〇一五年二月に、ベラルーシのミンスクでウクライナ、ロシア両政府とＯＳＣＥを代表してドイツ、フランス両政府代表が「ミンスク合意」に署名する。この「合意」がありながら、軍事衝突が続いていたが、全面的衝突は避けられてきた。今回のロシアによる軍事侵攻はこの「ミンスク合意」を蹂躙するものでもあった。重要なことは、ロシアの今回の軍事侵攻は、こうした経過があっても正当化できない。

ロシアによるウクライナ侵略の背後には、ＯＳＣＥを軸とする「域内の紛争の平和的解決」をめざすヨーロッパ外交の失敗があった。「力」と「力」の対決では戦争を防ぐことはできない。

（3）ウクライナ危機の解決をめざして

戦争の長期化にともない、戦争の犠牲者が増大している。この悲惨な事態のなかで、どのようにして戦争を終結させるかという議論が活発になっている。一連の国連決議に示されているように、ウクライナ戦争が「国境は武力では変更されない」という国連憲章に違反するロシアの侵略であることは明白であり、ロシアの無条件撤退が問題解決の原則であることは言うまでもない。このことを前提にして、戦争の終結に向けてどのような努力が求められているのであろうか。

第一に、あらためて、ロシアが国連憲章に従い、ウクライナから撤退することの国際社会の圧倒的な世論を組織することである。国連ではロシアを非難し、ウクライナからの撤退を求める決議が一四〇カ国以上の賛成で採択されているが、グローバルサウスとよばれる新興・途上国の三〇数カ国が棄権に回っている。こうした諸国との合意形成がきわめて重要になっている。その場合、アメリカが言う「民主主義対専制主義」では分断が深刻になるだけである。ロシアの侵略を非難しながら、他方でガザの紛争におけるイスラエル支持に見られるアメリカのダブルスタンダードに強い反発があるといえよう。一致点は「国境は武力では変更されない」という国連憲章である。ウクライナ危機の解決は、ロシアを排除するのではなく、国際社会が国連憲章をまもるという一点で団結をつくり出すことにある。この原則でのグローバルサウスを含む国際社会の圧倒的な連帯を再構築することが重要になっている。

第二に、いま重要なことは軍事支援一辺倒にならず、公正な平和にむけての外交的努力の強化である。かつてのベトナム戦争の場合でも、戦争のなかで戦争終結にむけての外交交渉がおこなわれ、それが停戦協定につながった。二〇二二年一〇月、ロシアのウクライナ東部四州の併合を非難する国連決議が一四三カ国の賛成で採択されたが、そのなかで、ロシアの完全撤退、ウクライナ主権の擁護と領土保全とともに、「政治的対話、交渉、調停およびその他の平和的手段による平和的解決」が要求されている。また、二〇二三年二月に採択された決議では「国際連合憲章の原則に従ったウクライナの包括的、公正かつ永続的な平和をできるだけはやく達成する必要性」が強調されるとともに、「加盟国および国際機関にたいし、外交努力への支援を倍加するよう要請」されている。その点で、欧州安全保障協力機構（ＯＳＣＥ）の活動の再建強化が重要な課題になっている。まさに外交交渉による公正な平和的解決がいまこそ重要な課題になっており、憲法九条を持つ日本政府にはこのような外交努力の先頭に立つことが求められている。

できるだけすみかに戦争の公正な解決に向けての外交的努力を強め、早期の停戦を実現しなければならないが、その場合にきわめて大切なことは、「ウクライナ人の主体性・自己決定を否定するような形で一方的に進めることがあってはならない」ことである（前掲清末愛沙論文）。侵略に対する抵抗闘争をどうするか、どういう形で停戦に踏み切るかは、最終的にはウクライナ人が決めることであり、ウクライナの自決権である。このことをふまえた公正な平和を求める外交的努力の強化がいまほど大事な時はない。

二　日本における大軍拡と集団的自衛権行使の態勢づくり

(1) 日本の防衛政策の転換と日米同盟

二〇二二年一二月の「安保三文書」の最大の問題は、「台湾有事」を想定して「敵基地攻撃能力」（反撃能力と言い換えている）の保有とそのための軍事力の増大（大軍拡）にある。台湾で米中の衝突があれば、それは「日本有事」でもあるとみなし、二〇一五年の安保法制にもとづく集団的自衛権の行使として中国への先制攻撃をおこなう可能性もあるというものである。これまでの「専守防衛」からの防衛政策の大転換が行われようとしている。

日本の防衛政策は、安倍晋三内閣のときから大きく変わっている。二〇一四年七月、安倍内閣は閣議決定で、集団的自衛権の行使を容認した。戦後日本政府は、第九条第二項との関連で、自衛隊は「戦力」でなく「自衛のための必要最小限の実力」と説明し、したがって、日本の防衛政策は海外での武力行使、集団的自衛権の行使、国連への軍事協力はできないという「三つのルール」に基づいていた。このルールが閣議決定で踏みにじられたのである。さらに、二〇一五年九月の安保関連法の強行によって、「存立危機事態」という「限定」をつけて集団的自衛権の行使が法制化された。こうしたことを前提に、「安保三文書」にもとづき、集団的自衛権行使の具体的な態勢づくりが本格的に始まっている。

(2) 日米同盟の歴史的転換
—日米同盟がどこまで来ているか

防衛政策の大転換の背景に、日米同盟の拡大・深化がある。日米同盟の存在抜きに大軍拡がなぜおこなわれるかは理解できない。したがって、日米同盟がどのように変化してきたかを簡潔に見てみたい。

日米関係が同盟関係であると公然といわれるようになるのは、一九八〇年前後である。それ以前は、安保条約のもとにありながら、日本政府は、日本の外交政策は国連中心外交などとごまかしてきたが、八〇年前後から「日米同盟」と公然というようになり、「同盟関係の時代」が始まった。この「同盟関係の時代」の推移を見るには、ガイドライン（日米防衛協力の指針）の推移を見ることが重要である。

第一の時期は、一九七八年に最初のガイドラインが日米両政府によって決定された頃である。アメリカが一九七五年にベトナム戦争に敗れ、サイゴン（現：ホーチミン）から撤退した。ベトナム戦争後のアジア政策を見直す中で日本との同盟関係を強化するためにガイドラインが結ばれた。安保条約の第五条の日米共同作戦の規定が抽象的だから、もっと具体化で実践的な枠組みが必要ということになり、七八年にガイドラインが締結された。そのもとで、中曽根首相の時代には、「ロンとヤス」の関係、日本列島の浮沈空母化、四海峡の封鎖などということが言われた。八〇年代は、あくまでも〝ソ連の脅威〟に対して、「日本の有事」に備える日米同盟だった。

第二の時期は、一九九〇年代になり、日米同盟が大きく転換し、バージョンアップされることによって始まる。九一年にソ連の崩壊により、冷戦が終わると、日米同盟のあり方が再検討され、新しいガイドラインが一九九七年に締結された。「日本有事」にかわり、キーワードが「周辺有事」になる。具体的にいえばアジア太平洋地域で、アメリカが紛争に介入するときに、日本の自衛隊が「後方支援」で参加する体制づくりである。一九九九年五月に「ガイドライン関連法」が強行された。

第三の時期は、二一世紀のアフガニスタン・イラク戦争を通じて「世界のなかの日米同盟」と言われるようになり、二〇一四年の閣議決定、そして一五年の安保関連法の強行によって集団的自衛権の行使が「限定」つきながら法制化され、容認されることに特徴がある。〇一年に起きたニューヨークテロ事件を契機に、反テロ戦争という形でアフガニスタン、イラク戦争をアメリカが起こし、日本も特措法で自衛隊が積極的に参加した。こうした経過を経て一四年七月の閣議決定で、集団的自衛権の行使が容認され、先ほど指摘した「三つのルール」が踏みにじられた。そして翌一五年四月に第三次ガイドラインが締結され、「アジア太平洋地域およびこれを越えた地域」で、「切れ目のない日米共同の対応」が必要であり、日米両国が世界の安定のために「主導的役割を果たす」と宣言される。これによって、日米同盟の中心的任務が、「日本有事」や「周辺有事」にとどまらず、「世界中の有事」に対応することになる。日本の防衛政策が根本的に変わらざるを得なくなった。

（3）アメリカの世界戦略の転換

日米同盟の拡大・深化と防衛政策の転換の背後に、アメリカの世界戦略の大きな転換があったことを確認したい。冷戦以降、アメリカは「対ならず者国家」戦略をとっており、地域紛争をアメリカ主導で解決することに重点を置き、中国に対してはアメリカ主導のグローバル経済に取り込むという「関与政策」をとってきた。

ところが、二〇一〇年代頃から中国への対決姿勢を鮮明にする。中国の急速な経済的成長（とくに最先端技術など）と軍事力の膨張、国際社会での影響力の拡大に危機感を強く持つようになったからである。一四年の「四年毎の国防方針見直し」で中国への対決方針を打ち出し、アジア回帰と中国に対する軍事的包囲を開始する。具体的には、一八年にトランプ政権が承認した「インド太平洋における米国の戦略的枠組み」のなかで、インド太平洋地域でのアメリカの目標は、中国の新たな「勢力圏を確立するのを防」ぐことであり、中国との正面からの対決を打ち出した。

アメリカは中国への対決と包囲を強め、日本にもこれに従うことを強く要請するようになる。一連の日米首脳会談を通じて、日本はこれに積極的に呼応し、台湾有事の際に、集団的自衛権を行使して、自衛隊が参戦すること、さらにそのために、「日本の防衛力を抜本的に強化」することを約束した。その場合、重視されるのがフィリピンから台湾、沖縄をはじめ日本の南西諸島などの「第Ｉ列島線」である。この「第Ｉ列島線」が主戦場と位置づけられ、中国の「侵攻」をくいとめる阻止ラインとされている。「第Ｉ列島線」に沿う沖縄をはじめ日本の南西諸島が戦場とされ、自衛隊のミサイル部隊が配備されることになる。「安保三文書」は、そのために「敵基地攻撃能力」の保有と軍事力の増大をアメリカに約束したものであった。

（4）日本の支配層はなぜこうまでアメリカに追随するのか

アメリカに追随する諸条件

それでは、日本の支配層はなぜこれほどアメリカに追随するのだろうか。

第一に、安定した日米関係を必要とする権力のルールが、事実上、存在している。日米関係が安定すれば政権基盤が強まり、逆に日米関係が不安定になると、政権基盤が脆弱になる。保守政権は、良好な日米同盟なしに、政権を安定させることはできない。

第二に、日本経団連が、日本の独占大企業の利益を代表するだけでなく、アメリカの多国籍企業の影響を強く受ける性格を持ち始めていることにある。経団連役員企業（正副会長・正副議長）の株式を見ると、外資の比率が、一九八〇年の二・二二％から二〇〇六年には二九・九三％と一〇倍以上増大している。会長・副会長の企業に限定すると、七〇年の四・四五％から〇六年の三〇・七二％に増えている。この外資の多くはアメリカの多国籍企業である。このように、日本経団連は、日本の独占大企業の利益を代表するだけでなく、アメリカの多国籍企業の影響を強く受ける性格を持ち始めている（佐々木憲昭編著『変貌する財界』新日本出版社）。

第三に、日本の支配層の対米追随の背後に、日米安保体制を要とする国家的従属の体制が存在している。この国家的軍事的従属を軸にしながら、経済、社会などあらゆる分野に対米従属が網の目のようにつくられている。一九五一年の講和条約、旧安保条約、六〇年の現行の安保条約等によって、日本はアメリカの異常な基地国家になっている。敗戦後八〇年近くたつが、全国に一三三カ所の米軍基地が設置され（自衛隊との共同使用基地四九カ所を含む）、約四万八〇〇〇人近い米軍が配備されている。とくに首都圏に横田空軍基地や横須賀海軍基地などの大規模な米軍基地がつくられ、沖縄と岩国に「殴り込み部隊」である海兵隊の前進基地が置かれるなど世界に例のない異常な基地国家である。基地と米軍はアメリカの権力であり、こうした異常な基地国家のあり方は日本の国家主権が大きく制限されていることを示している。さらに、六〇年の現行安保条約の第五条によって「日本国の施政の下にある領域」という地理的制約をつけながら、米軍と自衛隊の共同作戦が規定されている。さらに先ほど述べた日米ガイドライン体制の下で、集団的自衛権の行使が可能になり、自衛隊が、日米共同作戦の枠のなかで、事実上、米軍の指揮のもとで対外戦争の準備を本格化している。国家の中枢の実力組織である自衛隊がアメリカの従属のもとに置かれている。

したがって、対米従属からの脱却は、単なる政策転換でなく国家の変革の課題になっている。

政策決定における「三層をなした順次依存構造」

こうした対米従属の構造のもとで、日本政府の政策は独特のシステムのなかで決定されている。かつて上田耕一郎氏がきわめて注目すべき指摘を行っている。上田氏は「政府・自民党の政策決定過程は、アメリカ政府、財界、官僚頼りという、三層をなした順次依存構造をもつものとならざるをえなかった」と述べている（『戦争・憲法と常備軍』大月書店）。「三層をなした順次依存構造」とは、はじめに、外交や政治や経済のもっとも重要な戦略的な問題については、もっぱらアメリカの指示を受け入れていく。それから次に、アメリカの支配の枠内で、国内政策の基本については財界や大企業の利害を最優先していく。そして、最後に、そういう日米支配層の枠内での、具体的な政策や法律や行政指導については官僚群、高級官僚の裁量に任せていくというシステムである。

こうした従属的な状態を日本の支配層はあたりまえの現実と考えている。日本の支配層は、戦後の日本が、日米安保体制のもとで、戦後の困難から復興し、平和と経済発展を勝ち取ったという思いこみ的な信念をもっている。日米安保体制以外の現実は考えられないし、あり得ないのである。日米同盟がすべての前提になっており、国民の声より、アメリカの声を大事にすることが「国益」であり、あたりまえのことになっている。ここに戦前以来今日までの日本の支配層の独特の性格がある。この点についても上田氏は注目すべき提起をおこなっている。それは日本の支配層が「戦前は天皇制軍部に従属し、戦後はアメリカ帝国主義に従属してきたため、二〇世紀全体をつうじて独自の戦略的な政治的、経済的決定を下し、その遂行に政治責任をもつという、普通の主権国家の支配層が当然蓄積してきた経験を歴史的に欠いた支配層である」（同『戦争・憲法と常備軍』）ことである。日本の支配層の対米従属性は彼らの歴史的性格と結びついた深刻な問題である。

三　ＡＳＥＡＮの提起する「ＡＳＥＡＮインド太平洋構想」（ＡＯＩＰ）との連携
——地域的集団安全保障体制の構築

（１）ＡＳＥＡＮの重層的平和システムの構築

いま氾濫する〝脅威〟論の影響を受け、安全への不安から安保条約を容認する傾向が、国民の中に強くなっており、安保体制をうち破ることは簡単ではない。二〇一〇年一一月にＮＨＫが行った電話調査「日米安保のいま」によると、日米同盟は今のままでよいが四二％、今より強めるべき二九％になり、併せて七一％になる。今より弱めるべきは一四％、解消すべきは七％に過ぎない。全体として七割の国民が安保条約を肯定している。しかし、注目すべきは、これからの安全保障体制の質問で、「日米同盟を軸に日本の安全を守る」が一九％にすぎず、「アジアの多くの国々との関係を軸に、国際的な安全保障を築いていく」が五五％になっていることである。これを見ても安保容認が国民の中で多数を占めているが、他に選択肢が見つからないという消極的容認にすぎず、「日米同盟を軸に日本の安全を守る」という積極的容認は意外に少ないことがわかる。それどころか、半分を超える国民が、これからの安全保障をアメリカに頼るよりも、「アジアの多くの国々との関係を軸に」考えていることはきわめて重要な意味を持つ。こうした国民の動向を見ると、アジアとの連帯で日本の平和を考えることの重要性を確認できる。

いま、ＡＳＥＡＮ（東南アジア諸国連合）が東アジアの平和の共同体（「ＡＳＥＡＮインド太平洋構想＝ＡＯＩＰ」）を提唱し、注目をあびている。日本もこの運動に積極的に参加し、軍事同盟でなく、包摂的な平和のルールを北東アジアにつくり、東アジア全体の平和の共同体づくりに貢献することが、安保条約廃棄の国民的多数派をつくるうえできわめて重要な課題になっている。

アジアには、二〇〇五年、中国やロシアを含めたＡＳＥＡＮを中心とする外交の場である東アジアサミット（ＥＡＳ）が創設されている。ＡＳＥＡＮ一〇カ国に、アメリカ、中国、日本、韓国、ロシア、ニュージーランド、オーストラリア、インドの八カ国、合わせて一八カ国による包摂的な外交の枠組みである。ＡＳＥＡＮは、この東アジアサミットを発展させ、この地域を戦争の心配のない平和の共同体にするという大きな構想を推進しようとしている。それがＡＳＥＡＮ首脳会議で二〇一九年に採択された「ＡＳＥＡＮインド太平洋構想」（ＡＯＩＰ）である。ＡＯＩＰ構想の主な特徴は、特定の国を敵視し、排除するのでなく、関係する全ての国を包摂する「対話と協力の地域」をめざす平和システムにある。

東アジアのこうした平和にむけての可能性は、どうして生まれたのか。ＡＳＥＡＮは、ベトナム戦争のさなか、一九六七年に結成された。ＡＳＥＡＮは、アメリカに協力して、アジア人同士が殺し合う悲劇的体験をするなかで、アメリカいいなりから離脱を始める。これを決定的にしたのが、ベトナム戦争でのアメリカの敗北であった（七五年）。

アメリカの敗北を契機に、ＡＳＥＡＮは独自の道を本格的に追求し、「平和と協力」を追求する重層的なシステムの構築を時間をかけながら、一歩一歩着実にめざしている。

第一に、それを象徴しているのが、一九七六年に締結された東南アジア友好協力条約（ＴＡＣ）である。ＴＡＣは、「紛争の平和的解決、武力による威嚇または行使の放棄」をはじめ、すべての国の主権の尊重、外国からの干渉拒否、相互不干渉を基本原則としている。アメリカ主導の軍事同盟である東南アジア条約機構（ＳＥＡＴＯ）はベトナム戦争終了直後に解散（七七年）した。ＡＳＥＡＮは、域外の国にもＴＡＣに加盟することを働きかけ、域内の平和と域外の平和の結合という画期的な平和戦略を採用する。〇三年にＴＡＣに中国、インドが参加し、アメリカの顔色をうかがっていた日本も〇四年に参加。そのアメリカも〇九年に参加し、一二年にはＥＵ（欧州連合）とイギリスが参加した。

第二に、地域の安全保障を議論するためのＡＳＥＡＮ地域フォーラムをつくった（九四年）。このフォーラムには、ＡＳＥＡＮ諸国とともに、アメリカ、日本、韓国とともに北朝鮮も参加（二〇〇〇年）しており、安全保障を話し合う東アジアでの唯一の「場」になっている。

第三に、九五年一二月、当時のＡＳＥＡＮ加盟七カ国とカンボジア、ラオス、ミャンマーのあわせて一〇カ国が東南アジア非核地帯化条約に調印している（九七年に発効）。

第四に、こうした努力の積み重ねの中で、二〇〇五年にＡＳＥＡＮ主導で、先ほど述べた東アジアサミットの第Ｉ回会議が開催された。ＡＳＥＡＮはこの東アジアサミットを東アジア全体の平和的共同体「ＡＳＥＡＮインド太平洋構想」（AOIP）に発展させる運動の具体化を始めている。

このように重層的な枠組みが構築され、東アジアでは東南アジア条約機構（ＳＥＡＴＯ）の解散（七七年）に見られるように、軍事同盟でなくＡＳＥＡＮ主導の集団安全保障システム構築が優先している。ここにヨーロッパとの大きな違いがある。

四　「市民と野党の共闘」の再構築と主体形成

（1）統一戦線運動の歴史的到達点としての「市民と野党の共闘」

日本の平和と安全を確かなものにするには、対米従属的な自民党政治を根本から変えなければならない。その主体的な推進力は、二〇一五年の安保関連法反対の大闘争や一六年の参院選で実現した「市民と野党の共闘」の再構築にある。ところが、二一年一〇月の総選挙、二二年七月の参院選で「市民と野党の共闘」が大きく後退したことにより、「市民と野党の共闘」はだめだ、共闘は過去のものになったという失望感が一部に生まれている。この問題を考えるうえで重要なことは、「市民と野党の共闘」が二一世紀になって復活した社会運動の発展のうえに実現した統一戦線運動の歴史的到達点であることの確認である。

二一世紀になって新しい社会運動の再生が始まる

一九八〇年の「社公合意」を契機に、一九六〇年代半ばから七〇年代に発展した革新統一の運動が大きく後退し、八〇年代~九〇年代は統一戦線運動の分断と混乱の時期であった。それが、二一世紀に入り、社会運動が再生し、新しい質を持って発展した。これを原動力として「市民と野党の共闘」という形で統一戦線運動を復活させたのである。それは単なる復活ではなく、新しい形と質を持った発展であった。まさに統一戦線運動の「弁証法」である。

二一世紀になって、社会運動の再生の新しい動きが始まる。一つは、二〇〇三年一一月の総選挙で、自民党が選挙公約で改憲を提起し、憲法問題が政局の中心問題になったことに対応し、〇四年に作家の大江健三郎、井上ひさし、哲学の鶴見俊輔、評論家の加藤周一氏ら九人の呼びかけで九条改憲反対を一致点とする「九条の会」が発足した。また、〇六年に第一次安部内閣が成立し、安倍首相が「戦後レジームからの脱却」を主張し、憲法の危機が現実問題になると、憲法問題の国民的関心が一挙に高まった。

もう一つは、二〇〇八年のリーマンショックを契機に、〝派遣村の運動〟が起きたことが大きな意味を持っていた。〇八年の派遣切りの嵐は、職を奪われ、雇用保険や生活保護が適用されない労働者に路上生活を強いることになった。この事態に全労連や全国ユニオン(連合加盟)、反貧困ネットなどが共同して「年越し派遣村」の運動がおこなわれる。市民運動と労働組合の連携である。その様子が連日報道され、社会的関心が高まった。一二月三一日の開村式には、労働戦線再編以来初めて、全労連、連合、全労協の代表が並んで挨拶をした。非正規労働者の雇い止めやワーキングプアという問題が可視化され、〝派遣村の運動〟を通じて労働組合運動や社会運動が活性化し始めたのである。

この多様な社会運動の先頭に立ったのは市民たちの運動であった。市民運動がそれまでの停滞を打ち破り、社会運動再生をリードした。こうした状況の変化がなぜ生まれたのか。その要因は二つある。

第一に、小泉内閣に象徴される新自由主義的「構造改革」の全面的展開が格差と貧困を拡大し、社会の荒廃が深刻になったことにある。一九九八年から一三年間連続して、自殺者が三万人台になる。職場、地域の人間関係が崩れ、地域社会の解体が進み、NHKスペシャル（二〇一〇年一月三一日放送）が日本社会は〝無縁社会〟になり、国民の〝究極の孤独〟が進行していると指摘する。

第二に、多くに市民の中で、憲法や民主主義の根本的破壊に対する不安と危機感が深刻になっていく。アメリカの反テロを掲げるアフガニスタン戦争やイラク戦争に日本が協力する中で、日米同盟がグローバル化し、やがてそのために九条改憲が提起される。とくに安倍内閣によって、〝戦後レジューム〟の打破が叫ばれ、改憲の危険性が現実のものになった。〇六年に教育基本法の改悪が、〇七年に国民投票法の制定が強行される。そして、財界も改憲路線に踏み切る。日本経団連「わが国の基本問題を考える」（〇五年）で「憲法改正のアプローチ」として、九条二項の削除と改正手続きの簡略化などを優先する改憲構想が発表される。

こうした客観的な要因の変化が、国民の不安を高め、良心的保守層を含む国民の反発を大きな流れにしたのである。〇七年七月の参議院選挙での自民、公明の与党が歴史的惨敗をとげ、第一次安倍内閣は退陣する。そして、〇九年の総選挙で「生活第一」を掲げる民主党が圧勝し、三年間にわたり、民主党政権が続いた。「構造改革」路線が行き詰まったのである。

こうして、社会運動の再生が開始されたが、それがさらに大きく発展する契機が、二〇一一年「三・一一」の東日本大震災と福島原発事故であった。この「三・一一」を契機に、脱原発の運動、沖縄の新基地反対闘争、TPP反対闘争、労働法制改悪反対闘争、消費税増税反対闘争、秘密保護法反対闘争など「一点共闘」と言われる多様な社会運動が連動しながら大きく前進する。とくに、一二年三月二九日、三〇〇名で始まった脱原発の首相官邸前抗議行動が与えた影響はきわめて大きなものがあった。全国各地で「普通の市民」たちによる反原発の行動が活発になっていった。

また沖縄では、新基地建設による沖縄の海兵隊基地の再編強化が、安倍内閣の強権的やり方で進められ、「オール沖縄」と呼ばれる島ぐるみの闘いに発展した。二〇一四年には、一月名護市長選、九月名護市議選、一一月県知事選、一二月衆議院総選挙で自民党を打ち破って、「オール沖縄」の基地建設反対派が圧勝した。

二〇一五年の戦争法反対闘争の歴史的意義

この脱原発の共同行動の前進と「オール沖縄」の新基地建設反対のたたかいが、二〇一五年の戦争法反対の歴史的な国民運動の発展に継続した。

国民の期待を裏切った民主党は一二年一二月の総選挙で敗北し、第二次安倍内閣が発足した。安倍内閣は、二〇一四年七月に集団的自衛権を容認する「閣議決定」を行い、一五年九月に安保関連法を強行した。これに対して、市民のたたかいが大きく盛り上がり、この中で「市民と野党の共闘」が実現した。二〇一五年の共同闘争を主導したのはこれまでとは違う新しい市民運動と社会運動であった。

その特徴は、第一に、既存のほとんどの護憲勢力を結集した「総がかり行動実行委員会」が結成され（一四年一二月）、国民的共同の受け皿として大きな役割を果たしたことにある。市民運動団体の「解釈で憲法九条を壊すな！実行委員会」が仲立ちとなって、連合系組合が参加する「戦争をさせない一〇〇〇人委員会」、全労連が参加する「憲法共同センター」との共闘が実現した。国民的共同を土台で支える共同組織＝「総がかり行動実行委員会」が結成されたことはきわめて大きな意味を持っていた。

第二に、この「総がかり行動実行委員会」とSEALDs（自由と民主主義のための学生緊急行動）、若者憲法集会実行委員会、「安保関連法案に反対するママの会」「安保関連法案に反対する学者の会」などの広範な市民運動が合流し、空前の国民的共同が実現したのである。この市民運動は、合法主義、非暴力主義に徹し、誰もが気軽に参加できる運動をつくりだし、さらに、既存の平和民主勢力との連携を求めていることに大きな特徴がある。また、ＳＮＳのネットワークによる情報の交換、共有が運動に大きな影響を与えている。そして、一五年一二月、市民連合（安保法制の廃止と立憲主義の回復を求める市民連合）が発足する。

第三に、この国民的共同が新しい社会運動の質をつくり出している。運動の中心に広範なリベラル派＝市民が登場したことがこれまでにない特徴を生み出している。それは運動参加者が、自分の意思で参加し、自分の言葉で怒りを表現し、自分の足で行動に立ち上がっている。主権者としての自覚の成熟である。それは「個人の尊厳」の自覚でもあった。この意味で、今回の市民運動は、主権者が主権者としての自分を取り戻す運動でもあった。

「市民と野党の共闘」が安倍改憲構想をうち破った

この「共闘」の力は二〇一七年に提起された「安倍改憲構想」を打ち破ったことに示されている。安倍首相（当時）は、東京オリンピックが予定されていた二〇二〇年までに新憲法をつくると語り、安倍構想はやがて自民党の改憲四項目になる。ここで強調したいことは、この二〇二〇年までに改憲を実現するという安倍首相の野望を阻止したのが「市民と野党の共闘」の力であったことである。二〇一九年の参院選で、「市民と野党の共闘」の力で立憲野党が三分の一以上の議席を確保したことの意味は実に大きかった。

二〇二〇年八月、安倍氏は病気を理由に首相を辞任するが、その記者会見で、「憲法改正、志半ばで職を去ることは断腸の思いだ」と語り、「国民的な世論が十分に盛り上がらなかったのは事実であり、それなしに進めることはできないと改めて痛感している」とのべざるを得なかった。

(2) 再構築にむけての課題と主体形成

これからの課題

それでは「市民と野党の共闘」の再構築をはかるにはどのような課題があるのか。第一に、この「共闘」が構築される経過を見ても、市民や労働者の要求にもとづく、国民的たたかいと「共闘」を求める世論の高揚である。先に述べたように、二〇一五年にいたるさまざまな社会運動が二〇一五年のたたかいに合流したことの意味は実に大きかった。そのことが「共闘」に消極的であった野党を変えて、野党共闘を実現したのである。今日においても、生活破壊、大軍拡、沖縄の基地問題、気候危機やエネルギー問題、ジェンダー平等の問題など深刻な問題が多分野で渦巻いており、それぞれに地道な運動が行われているが、これをどのように国民的たたかいに発展させ、合流させていくかが問われている。

そのうえで、第二に、「共闘」推進勢力（政党、労働組合、市民諸団体など）の政治的組織的影響力の強化である。二〇二一年一〇月の総選挙、二二年七月の参院選を契機に、「市民と野党の共闘」を分断し、破壊する攻撃が激しくなっており、それが「共闘」後退の大きな要因になっている。「共闘」の前進を支配層が恐れており、「共闘」の分断のためには、メディアを利用しながら、あらゆることをやっている。したがって、この分断攻撃をうち破り、「市民と野党の共闘」を国民が支持するには、「共闘」推進勢力の役割が実に大きくなっている。ところがこの「共闘」推進勢力が伸び悩んでいる。真剣な運動と組織の自己改革を進め、知的文化的ヘゲモニーを鍛え直し、国民との関係の再構築が求められている。

第三には、以上述べた二つの課題を実行する魅力的な活動家集団の育成である。魅力的な活動家集団の存在なしに運動も組織の強化もあり得ない。

市民的成熟と階級的自覚

運動のイニシアチブを握る自覚的な活動家集団のあり方が問われている。日本の変革は、日本国憲法に基づく民主主義社会（市民社会）を実現し、その延長・発展から未来社会に接近する歴史的展望を持っている。したがって、日本の階級闘争の担い手にとって、憲法と民主主義の理解を深めることが極めて重要な意味を持っており、今日の階級的自覚は、憲法と民主主義の理解と結びつけ、それを媒介にして成り立つと言える。

いま、日本の社会運動や労働組合運動は、憲法を生かした社会づくり、憲法を生かした職場や地域の再生を基本課題にしている。どのような変革を構想しようと、憲法を生かした社会づくりを媒介にしなければならない。したがって、社会運動や労働組合運動の担い手には、日本国憲法の基本原則の深い理解が求められ、それと未来社会の展望を関連づけて理解できるかが問われている。「市民と野党の共闘」再構築をめざす活動家集団は、憲法の基本原則の理解から、主権者としての自覚、「個人の尊厳」の自覚を深め、地域社会の担い手として自らを高めていかなければならない。それは市民としての成熟とも言える。それをふまえた未来社会の展望である。まさに「市民としての成熟を媒介にする階級的自覚」の形成である。ここに今日の活動家集団の課題がある。

（やまだ たかお・労働者教育協会・日本現代史）

特集1　ウクライナ戦争をどう見るか

ウクライナに平和をとりもどすために
―レーニンとウクライナ問題にもふれて―

聴濤　弘

はじめに

ウクライナ戦争はもう二年間以上も続いている。一般のウクライナ市民もロシア市民も早く戦争を終わらせたいと考えていることは間違いない。どうすれば終わらせることができるのだろうか。

プーチンはウクライナ侵略戦争開始直前におこなった演説で、ウクライナが今日の事態に陥った歴史的根源は、レーニンがウクライナの民族自決権を認め「分離主義」をとったためであり、その結果「ロシアのウクライナ」が「ウラジーミル・レーニンのウクライナ」になったからだと述べている。またレーニンが第一次世界戦を終結させるために一九一八年にウクライナを放棄する屈辱的なブレスト・リトフスク講和条約を結んだためでもあると述べ、ロシア・ウクライナの歴史にかなりの時間を割いている（二〇二二年二月二一日演説）。戦争開始とともにウクライナ問題の書物が多数でているが、プーチンがそう述べているにもかかわらず、レーニンとウクライナに関して論じた文献をあまり読んだことがない。そこでこの問題にも触れながら、ウクライナに平和をとりもどすために何をすべきかを考えてみたい。本稿は本年一月に「関西唯物論研究会」でおこなった報告にもとづき時間の関係で触れることができなかった問題を補足し、また研究会ででた質問・意見を加味して書いたものである。なお本稿で展開することはしないが、ウクライナ戦争はプーチンの明白な国際法違反の侵略戦争であるが、その誘因となったのは西側のＮＡＴＯ東方拡大にあるというのが私の立場であることを一言しておきたい。

一　レーニンの特徴――民族自決権擁護とリアリズム

レーニンは終始一貫してポーランド、フィンランドなどと同様、ウクライナのロシアからの分離を含む民族自決権を承認することを主張し、これは社会主義者のみならず民主主義者の原則であるとくりかえし述べている。同時に重要なことはウクライナが実際に独立国家をつくれるかどうか、それは「一千もの要因」にかかっているというリアルな見地ももっていた。これはもともと独立国であったポーランド、フィンランドをロシア帝国が支配下においたのとは違う点である。結論としてレーニンは次のように述べている。

「ウクライナが自立した国家を形成する運命にあるかどうかは、まえもって知ることのできない一千もの要因によるものである」。「そこでわれわれは、むだな『推測』などやらずに、まったく疑う余地のないこと、すなわち、ウクライナがこうした国家をつくる権利をもっていることをはっきりと支持する。われわれは、この権利を尊重する」（「民族自決権について」全集第二〇巻、四四一ページ）。これがレーニンの中心的考えであった。

それでは「一千もの要因」とは何か。それは両民族の近似性である。レーニンは「ウクライナ」と題した論文でロシア民族とウクライナ民族は「言語の点でも、居住地域の点でも、性格の点でも、歴史の点でも、きわめて身近なこれら両民族」と述べ、両民族の近似性を指摘している（全集二五巻、八七ページ）。

第一に言語について。エンゲルスは「現代最大のスラブ語学者」の説として、ウクライナ語は「ロシア語の方言」ではなく「独自の一言語」であると述べている（「ロシア・ツァーリズムの対外政策」ＭＥ全集第二二巻、一八ページ）。私はレーニンのほうが正しいと思う。言語学上、「同一の」言語か「独自の」言語かを区別する原理がどこにあるのかは知らないが、一九一九年のロシア共産党第八回協議会は「ウクライナ決議」を採択し言語について次の決定をしている。

「ウクライナ領土内にいるロシア共産党員は、すべてのソヴィエト機関で勤労大衆に母語で説明し（中略）ウクライナ語を第二言語に押しやろうとする不自然な試みをあらあゆる手段によって阻止しなければならない。今後はすべての公務員はウクライナ語で説明できるようにしなければならない」（『ソ連共産党決定集』第二巻）。

「独自の言語」であればこの決定を直ちに実行することはできないであろう。また政治的には帝政ロシアがウクライナ人にロシア語を強制し、いまのウクライナ政府がロシア人にウクライナ語を強制していることからみて決定の意義は重要である。なお私的経験ではウクライナ語を口頭で理解するのは無理だが、文字にすればほぼ理解できる。

居住地域について。ドニプロ川はあるがロシアとウクライナは基本的には広大な平原で共通した空間である。エンゲルスはヨーロッパには川や山という「自然的境界が民族の境界とぴったりと一致し、同時に明瞭である国はあまりない」（「ポーとライン」全集⑬二五三ページ）と指摘しているが、これには同感する。ヨーロッパでは珍しいことではないがウクライナについて一例をあげれば、アゾフ海の近くにチェルトコヴォという鉄道の駅がある。東口はロシア領、西口はウクライナ領であり、人々は自由に行き来している（鴨川和子『南ロシア』）。

民族的性格について。これをどう規定したらいいのか分らないが、ロシア人とウクライナ人が結婚している例は無数にある。性格の共通性があるからこそであり、両民族は対立するのではなく本来は仲良く暮らせる間柄にある。

ウクライナの極めて簡潔な歴史

最後の歴史についてであるが、ロシア人、ウクライナ人、ベラルーシ人は全体として東スラブ人と呼ばれる。彼らが住む広大な地域に九世紀にキエフ・ルーシ公国ができ一〇世紀から一一世紀にかけて繁栄した。しかし一三世紀にこの地域全体にモンゴールが侵入し支配した。ただウクライナはモンゴールの支配が比較的弱く一四世紀にリトアニアの支配にかわり、その後、一六世紀にはポーランドが支配するようになった。こうしたなかで東ではモスクワを中心としたロシア公国が独自の発展をした。

ポーランド支配に反対するウクライナのコサックが一七世紀に反乱を起こしたときロシアはそれに加担し、ウクライナの中央に流れるドニプロ川の東側をロシア領とし「小ロシア」（ウクライナ）と呼ぶようになった。一八世紀のポーランド三分割に際し、ロシアのエカテリーナ二世はウクライナ全土を領有した。こうして「小ロシア」、モスクワを中心とする「大ロシア」それに「ベラルーシ」の三民族ができた。但しウクライナ西部はポーランド、オーストリアの長期の支配のもとにあり宗教はカトリックなのでウクライナの他の地域と区別されることがある。

これがごくごく簡略化したウクライナの歴史である。レーニンがウクライナの民族自決権を無条件で認め、同時に独立国を形成できるかどうかは分らないとしたのにはリアリズムがあると実感する。プーチンはウクライナの民族自決権を認めず、ロシア人とウクライナ人は「一体」だとみる。これは大ロシア民族の大国主義の表れであり、帝政ロシアがとった態度と同じである。

クリミア半島について。 クリミア半島は別の歴史をもっている。一八世紀まではクリミア・ハン国、オスマン帝国が支配していた。ロシアは英仏とのクリミア戦争を経てクリミア半島をロシア領にした。クリミア半島全体がウクライナ領であったことは歴史的に一度もない。これは現在の問題をみるうえで重要である。一九五四年、気まぐれなフルシチョフがウクライナへ「贈与」し、初めてウクライナ領となった（ソ連崩壊後この是非が議論されている）。一九九一年にウクライナが独立した際、クリミア半島にあるロシア黒海艦隊の軍港都市セバストーポリは両国が締結した条約にもとづき、ロシアの租借地としロシアは租借料をウクライナに払っている（期限、二〇四二年まで）。二〇一四年にプーチンがクリミア半島を力により併合したとき西側が抗議はしたものの、さしたる問題にしなかったのはこうした歴史的背景があるからであろう。

二　なぜレーニンはウクライナを放棄したか

レーニンは十月革命で権力掌握すると直ちに第一次世界戦争を止め「無併合・無賠償」の講和条約締結を関係諸国に提案し、さらにロシア帝国の支配下にあったすべての民族の自決権を実際に承認した。この結果、ウクライナでは一九一七年一一月二二日、ブルジョア諸政党によって「ウクライナ人民共和国」の成立が宣言された。

ソヴィエト政権は「ウクライナ人民共和国」を「正式にみとめられた」国とみなして講和交渉を提案した（「ウクライナ人民への宣言とウクライナ・ラーダにたいする最後通牒的要求」『レーニン全集』第二六巻、三七〇～三七二ページ）。しかし同共和国はドイツ帝国、オーストリア・ハンガリー帝国などと「反ソヴィエト共同戦線」協定を結び戦争を続行した。

（注）ラーダとはウクライナ語でソヴィエト（協議会）のこ

と。「ウクライナ人民共和国」はこのラーダを基礎として成立した政府。但しラーダはロシア帝国の王党派とも関係をもっていた。そのためレーニンはそれとの関係を絶つことを要求した。

その後、さまざまな要因がかさなり一九一七年一二月末にブレスト・リトフスクでドイツとの単独講和交渉が開始された。ドイツはロシア周辺諸国の領土割譲など過酷な講和条件を呈示した。トロツキーは直ちに拒否した。ソヴィエト側代表のトロツキーは「最後通牒」がだされるまでできるかぎり交渉を長引かせるという合意がレーニンとあったことを書いている（『わが生涯』下）。レーニン自身もそのことを確認している（「ロシア共産党第七回大会」全集第二七巻、一一〇ページ）。

交渉が長引く間にドイツは「ウクライナ人民共和国」と単独講和条約を締結し、ウクライナをロシアから切りはなした。同共和国代表がドイツ側に立って講和交渉に参加するようになった。ドイツは事実上の最後通牒としてソヴィエト政権にたいし「ウクライナ人民共和国」との単独講和条約の承認、ベラルーシ、バルト三国の一部割譲、巨額の賠償金の要求を内容とする講和条件をだしてきた。トロツキーはこれも拒否するとドイツは戦争を再開し進軍を開始した。

ここでレーニンはさらに戦争が続行されれば一層過酷な要求をだしてくると判断しドイツの呈示する条件で講和条約を締結する以外なしと判断し、ウクライナ放棄を決断した。この決断にあたりレーニンはペテルブルグでロシア軍の全軍大会を開き兵士の意見も聞いて判断している（「軍隊復員についての全軍大会の代議員にたいする質問」全集第二六巻、四〇五～四〇六ページ）。

中央委員辞任を表明したレーニン

講和交渉にあたりロシア共産党中央委員会は文字通りの大論争となった（特に全集第二七巻の諸論文・報告参照）。ブハーリンはパルチザン闘争を主張した。トロツキーは講和条約締結引き延ばし戦術を「戦争でもなく、平和でもなく」と定式化し条約締結に反対した。双方とも西欧革命の到来に期待をかけた。

リアリストであるレーニンは西欧革命に期待をかけることは「めくらめっぽうな一六勝負になる」（「不幸な講和の問題の歴史によせて」全集第二六巻、四五四ページ）といい西欧革命を前提にした議論に反対した。最終判断をくだす中央委員会総会でレーニンは「革命的空文句の政策はおわった。もしこの政策がいまなおつづけられるならば、私は政府からも中央委員会からも、脱退するであろう」と辞意を表明した（「ロシア社会民主労働党（ボ）中央委員会会議での発言」全集第三六巻、五六五ページ）。

最終的にトロツキーが棄権にまわり、その結果一票差でレーニンが多数派になり講和条件受諾を決定した。トロツキーは「レーニンは中央委員会で過半数を得ておらず、決定は私の一票にかかっていたので、私はレーニンが反対を一票上回る過半数を獲得できるように棄権した」と述べている（前掲書）。

こうして一九一八年三月三日、ブレスト・リトフスク講和条約が締結された。ロシアは全ウクライナを放棄したが、クリミア半島は当然のことだがウクライナ領にはならなかった。ドイツが講和締結後にクリミア半島に攻撃をかけたとき（一九一八年五月）、レーニンは条約違反としてドイツ政府に強烈な抗議をしている（「クリミア占領に反対して出されたドイツ政府への抗議」全集第二七巻、三六二〜三六四ページ）。

当時のロシア社会は全体としては講和条約に反対であった。特に旧支配層はドイツが一層侵攻しソヴィエト政権が打倒されることを望んでいた。プーチンも反対であることは最初に述べたとおりである。しかしレーニンの冷静な判断がなければロシアとロシア市民がどうなっていったか分からない。プーチンはいつまでウクライナ戦争を続け、どれだけのウクライナ市民が殺害されれば気がすむのであろうか。

なぜ歴史を歪曲するのか

プーチンとは別のことだが、今日のウクライナ戦争が始まってからレーニンは十月革命前は「分離主義者」であったが、革命後は「併合主義者」に豹変し、ウクライナをロシアに併合してしまったとする見解がある。おそらくこの主張は一九一九年一月にウクライナのハリキウ（ハリコフ）にウクライナ・ソヴィエト政権が樹立され、その後一九二一年に「ウクライナ人民共和国」が敗北しウクライナ全土にソヴィエト政権が生まれたことを指しているのであろう。しかしこれをもってレーニンの豹変とはいえない。これは階級闘争の結果である。当時、ロシア全土でソヴィエト政権打倒をめざす反革命軍との戦闘がおこなわれており、ウクライナはその中心の一つであった。「ウクライナ人民共和国」の敗北はその結果である。そのことを主権・領土・国民が確立された「主権国家ウクライナ」にたいする「越境侵略・併合戦争」と性格づけることはできない。スターリン時代に黒土地帯であるウクライナにたいしスターリンが工業化のためにおこなった各種のウクライナ抑圧政策と同じように問題をみたて、レーニンを「併合主義者」であったとするのは歴史の歪曲である。

三　独立国ウクライナ政権の三〇年

以上のことを今の戦争と直結させることは勿論できない。しかしロシアとウクライナの歴史が示しているように両民族がそれぞれを尊重するなら平和的に共存できる間柄にあることは明瞭である。その教訓は残しているといえる。二〇一四年のクリミア半島併合の際にモスクワ大学のマルクス主義経済学者・ブズガーリン教授は、両国関係が対立・悪化するときは「ファシスト的根をもつウクライナ民族主義が台頭するか、ロシア排外主義が台頭するかしたときである」(「アルテルナチーブ」二〇一四年八月号)と述べ、プーチンの力によるクリミア半島併合に批判的立場を表明した。ロシア国民がプーチンを熱烈に歓迎するなかでの冷静な判断である。

それでは逆に一九九一年にウクライナが独立して以来、ウクライナ側はロシアにどのよな態度をとってきたであろうか。

一九九一年にウクライナが独立したときのクラフチュー
ク政権は、ウクライナの国家目標を非核国・非同盟国とした。核兵器をロシアに引渡し、ウクライナはNATOにもロシアの国家安全保障体制にも入らない政策をとった。

しかし二〇〇四年にできたユシチェンコ政権はウクライナ民族主義を煽った。NATO加盟を掲げ、国内的にはロシア語を排除した。第二次世界戦争のときウクライでナチス・ドイツと組んで「反ソ戦争」をしたバンデラ部隊のバンデラを「ウクライナの英雄」と賞賛した。スターリンの暴力的農業集団化はソ連全体でおこなわれたが、ウクライナのそれを「ホロドモール」(大飢餓)と呼び、ウクライナ人への「ジェノサイド」だとした。しかしこの民族主義によってウクライナ全体を結束させることはできず国内矛盾は拡大した。

二〇一〇年に誕生したヤヌコビッチ政権はウクライナ東部のドンバスの地域政党を基盤としたものであり、親ロ政権と呼ばれた。NATO加盟は取り下げた。EUへの加盟は促進しウクライナ西南部にも支持を拡大していった。しかしウクライナでは汚職腐敗が蔓延しており、ヤヌコビッチもドンバス地方のオリガルヒー（新興財閥）と汚職腐敗関係にあり、それも一つの引き金になって「マイダン革命」が起こり、ロシアに逃亡した。

この革命後成立したポロシェンコ政権はユシチェンコにまさるウクライナ民族主義を掻き立てた。NATO加盟を憲法に書き入れるとともに、国内的にはソ連時代をロシアによる「占領期」と呼んだ。学校教育をすべてウクライナ語にした。クリミア半島、ウクライナ東部はロシア人が七〇％以上を占め、ウクライナ全体でもロシア人は三〇％を占めている。ここですべての教育をウクライナ語にすることがどれほど大きな問題かは明白である。公務員もウクライナ語だけで業務をおこなうことが決められた。キーウ（キエフ）にあった「モスクワ通り」を「バンデラ通り」と改名し、プーシキン像まで破壊した。ポロシェンコはウクライナ社会を分断した。

いまのゼレンスキーが二〇一九年の大統領選挙で勝利したのは、ポロシェンコ政権の反ロ政策を是正することを訴えたからである。当選後はロシアを訪問しているし、プーチンとは電話で何度も会談している。ただNATO加盟、EU加盟は掲げた。

以上のことからいえるのはウクライナの政権は「親ロ」であったり「親西欧」であったりしたが、国民は反ロ一辺倒ではなかったことである。政権もそのことを考慮しなければならなかった。このことを指摘するのはプーチンにもいくらかの理があると言おうとするためではなく、両民族は独立後の三〇年間でも「不即不離」の関係にあったということである。はじめに述べたように、本稿ではアメリカのNATO東方拡大問題にはふれないが、ポロシェンコを含めNATO加盟を掲げ反ロ路線をとる背景にはアメリカの戦略的方針があることは確実である。

四　ウクライナ戦争を終わらせるために

ここから現在（二〇二四年三月末）の状況の問題に移るが、軍事的には膠着状態にある。昨年暮までにウクライナは反転攻勢を成功させるとしていたが失敗した。これはウクライナの内部矛盾を拡大した。大統領と軍部との矛盾がおき軍の最高指導者が交代させられた。兵士不足でゼレンスキー大統領は四五万から五〇万人の兵士の増員を目指しているが議会で承認がなかなか得られない状況にある。世論にも変化がおこりキーウ国際社会学研究所の世論調査では戦争開始時にはゼレンスキー支持が八〇％であったのが、六〇％に低下している。そのうえ戦時ですら汚職が続いている。

ロシアのほうはプーチンが三月一七日の選挙で八七％の得票を獲得し大統領に再選された。この得票率がプーチンの強権政治のもとでの茶番であることは多言を要しないが、同時にいまでも多くのロシア人がプーチンを支持していることも事実である。なぜそうなのか。この点はロシアとはどういう国かという問題と結びついているので最後に述べることにする。

プーチンはこの「勝利」を背景に戦争を続行する意思を表明している。しかしロシアも兵士不足である。すでに多数の死亡者がでているが、それを上回る規模で若者が国外に逃亡している。これまで少数民族や囚人が多く戦場に投入されたが、都市部にまで動員が拡大されるなら反戦運動は拡大されるであろう。

どちらかの「完全勝利」はありえない

こうした状況下でロシアかウクライナかどちらかの「完全勝利」ということはありえない。ロシアにとっての「完全勝利」とはウクライナ全体に傀儡政権を樹立し、ウクライナをロシアのコントロール下におくことである。開戦時はそれが可能と考え一挙に首都キーウに攻撃をかけたが失敗した。これをもう一度しかけることはもはやできない。またプーチンの侵略戦争の誘因になったのはＮＡＴＯの東方拡大であるが、ウクライナ侵略は逆にフィンランド、スウェーデンのＮＡＴＯ加盟をまねき、すっかり裏目にでてしまった。プーチンは大きな誤算をした。

一方、ウクライナにとっての「完全勝利」とはクリミア半島の奪還である。ここの歴史はすでに述べたとおりであるが、この半島の七〇％はロシア人でありプーチンが併合する以前からウクライナに属することに不満をもっていた。フルシチョフがウクライナに移管したときはソ連の管轄にあることに変わりがなかったので特別問題が起こったわけではないが、「別の国」すなわちウクライナにいま属することを良しとはしていない。日本のメディアはクリミアをウクライナと全く同じとして報道しているが、現実はそのようなものではない。

黒海に夏に行ったことがあるが、ロシアとは違う外国に来たという感覚はまったくない。バルト三国に行くとあきらかに外国に来たという感覚をソ連時代でももったが、それとは違う。ロシアがクリミア半島から撤退することは絶対にありえない。クリミア問題は話し合いで解決する以外方法はない。

ウクライナ東部もやはり七〇%がロシア語を母語とする住民が住む地域である。ここはクリミア半島とは歴史的に違うし、プーチンはここをウクライナ領としておきキーウの中央政権を牽制するようにしたほうがいいと考えていたと思う。したがって二〇一五年にミンスクで東部はウクライナ領内における「高度な自治権」をもつ地域とすることに合意するミンスク合意2が成立した。しかしこの地域でその後も八年間、戦争が継続し一万人以上の死者がウクライナ戦争が始まる以前からでていた。いまドンバスには二つの共和国ができたが、これはウクライナにとってもロシアにとっても問題が解決したことを意味しない。ここの解決も戦争によって決まるものではない。

国際情勢の変化

戦争が長引くなかで国際情勢も変化してきた。第一のウクライナ支援国であるアメリカが「支援疲れ」をみせ、バイデン政権はウクライナ支援予算を議会で採択できなくなっている（本稿執筆時）。イギリスが先頭にたっているようだが規模がちがう。EUでもスロバキア政府が支援停止を決定したし、ハンガリーも反対をつづけてきたがドイツの説得でやっと態度を変えるという状態である。フランスはEUとしてではなく独自に支援するとしたが、その多くの部分は民生支援である。ウクライナが反転攻勢に失敗した大きな原因は弾薬不足であり、それはヨーロッパ諸国が十分な弾薬を供給できなかったからである。グローバルサウスと呼ばれる諸国も国連決議でロシアを非難したものの、その後は国際舞台でロシアを名指しで非難することはやめ、ロシアにたいする経済制裁にも多くの国が加わっていない。ウクライナは外国の支援無しでは戦争をつづけることのできない国である。

平和への一歩は停戦

この状況下でこれ以上、ウクライナ市民の犠牲をださないためには停戦する以外ない。ロシア市民のためにも停戦すべきである。停戦はロシアの占領地をロシア領と認めることを意味しない。停戦し、そして和平の交渉をするというのはいわば常道である。ロシア軍の撤退を平和への第一条件とすれば、それをプーチンが受け入れるわけがない。それが不当なことであるのは確かである。しかし現実の問題としてこれ以上の犠牲者をださないためにまずとらなければならないのは停戦であり、ロシア軍撤退までの戦争継続ではない。戦闘を停止し捕虜の交換、ロシアに連れ去られたウクライナの子供たちの返還その他の人道的措置を実施し、そして戦後和平への交渉に進めるようにすることがもっとも合理的である。戦争をやめさせる第一歩は停戦である。ブレスト・リトフスク条約もまずは停戦し戦後和平の交渉がおこなわれた。いまのロシアとウクライナとではそれができないということはない。現にイスタンブール合意というのがあった。

イスタンブール合意

ウクライナとロシア両国は二〇二二年三月二九日、すなわち戦争開始から一カ月後にトルコの仲介でイスタンブールで和平交渉をおこない一定の合意ができた。文書を作成し署名するという本格的合意ではないが停戦を当然の前提として、①ウクライナはＮＡＴＯ加盟を放棄する、②ロシア軍は戦争開始時点まで撤退する、③ウクライナの国際安全保障を確立する、④クリミア半島の帰属については一五年かけて交渉するということで意見が一致した。このことはこの交渉の双方の当事者が明らかにしたところである（二〇二四年一月五日の共同通信）。

にもかかわらず合意は無視され戦争が続行されたのは、時間的には若干のずれはあるがアメリカのバイデン大統領がウクライナ戦争を「民主主義対専制主義」の対立と規定し「民主主義」の勝利まで戦うようウクライナをけしかけ軍事支援を約束したからである（二二年三月二六日ワルシャワ演説）。そのあとイギリスのジョンソン首相がキーウを突然訪問し（四月九日）、ゼレンスキー大統領に「プーチンは交渉相手ではない」、「共に戦おう」といいウクライナ支援を約束したからである（同上）。

バイデン戦略はアメリカは参戦しないが、ウクライナに戦争を継続させロシアを弱体化しアメリカの競争相手の地位からロシアを引き落とすことを狙ったものである。また資本主義ロシアへのアメリカ資本の投入拡大を狙ったものでもあろう。

ウクライナ市民がこうした戦略の犠牲になってはならない。この点からみても停戦の世界的世論をつくりだすことが重要である。

その声はあがっていた。本報告をおこなった一月の時点では、「ニューヨーク・タイムス」（二〇二三年一二月二四日）がプーチンは西欧諸国と停戦を模索しており、それはアメリカに通知されていると報じた。プーチン自身も二〇二四年一月一日に傷病兵との懇談会で「紛争をはやく終わらせたい。ウクライナは敵ではない、敵は西側」と発言していた。これは三月の大統領選挙対策としての宣伝であるともいわれたが、こう述べたこと自体は確かである。バイデン大統領も戦略を変化させ、ウクライナが一定の領土を割譲するのはやむを得ないと考えているとの報道もあった。一月のダボス会議でゼレンスキー大統領は最後まで戦うとしながらも平和会議の開催の必要性について述べ、スイス政府はそれを歓迎した。

本稿執筆中の三月末にはこうした報道はなくなった。話題は一一月のアメリカ大統領選挙でトランプが当選すればどうなるかに移っている。トランプはもっぱら「ディール」（取引）を手法とする政治家である。プーチンもその言葉を信用することのできない独裁者であり、またトランプが当選するかどうかも分からない。どのような結果になるか今は判断できない。状況は複雑である。

この状況下で停戦と同時にロシア・ウクライナ対立を平和的に解決するためのわれわれの原則的立場をもっておく必要がある。現実的にはそういかないとしても、原則があってこそ解決の内容の正否について判断をくだすことができる。

ウクライナに平和をもたらす原則

原則的立場は国連憲章にもとづくものでなければならないことはいうまでもない。憲章は「紛争の平和手段による解決」をうたい、「人民の同権及び自決の権利の尊重」をうたっている。その上に立って具体的には以下のことが重要であると考える。

①プーチンが「ウクライナはロシアと一体」という立場に立たないこと。

②ウクライナはイスタンブールでとった態度（NATO加盟放棄）を再確認すること。

③ウクライナの安全保障体制を関係諸国で取り決めること。

④最終的な領土確定は国際監視団のもとでのウクライナ国民の自由な意思表示によること。

日本政府は依然として戦争継続の態度をとっており、ウクライナ戦争を日本の大軍拡の口実に使っている。これを許さないためにも、停戦とこの原則の実現のための世論を大きく起こしていく必要があると考える。

五　ロシアとはどういう国か

停戦の世論がおきるなかで、ロシアはたとえウクライナでの平和が実現しても次はエストニアあるいはフィンランドを侵略するであろうという見解がいまマスメディアで流されている。この論法でいけばロシアが存在するかぎり永遠に世界平和はこないことになる。それではロシアとはどういう国なのであろうか。なぜロシア国民はプーチン支持をつづけるのか。このことについて私見を述べ本稿の終わりとする。

第一にロシア人は他民族より優越した民族であり、「強いロシア」をつくってきたという強烈な国民意識をもった国である。ロシア帝国から受け継いでいるロシア大国主義思想である。プーチンに影響力をもつといわれる地政学者・ドゥーキンは、東西融合をめざしたゴルバチョフが強いロシアを台無しにしたとし、「強いロシア」としての「ユーラシア連合」の復興こそがロシアの未来であるとしている。国民も同じような意識をもっている。

第二に強い防衛意識をもった民族である。「ロシア・イコール侵略国」と考える人は非常に多い。エンゲルスも「ロシアは、極端きわまる民族的排外主義者が要求できる以上の領土さえもうすでにもっていた」にもかかわらず、さらにクリミア戦争やフィンランド人・スウェーデン人・ルーマニア人・ポーランド人との戦争をとおして領土を拡大した。これはまさに「外国の領土のむきだしの、暴力的征服、明白な強奪」以外のなにものでもない。「いまや、白ロシアと小ロシアのほとんど全部が、大ロシアと統合された」と述べている（「ロシア・ツァーリズムの対外政策」全集第二二巻、二五、三〇、二四ページ）。

確かにこれは事実である。しかしエンゲルスは一八世紀、一九世紀のロシアの対外政策を論じたのであり、ロシア史全体を論じたものではない。ロシア史にはもう一つの半面がある。すでに述べたように一三世紀からモンゴールの支配下にあり、それは一五世紀末まで続く。その後もスウェーデン、リトアニア、ポーランドの侵入を受け惨憺たる状況にあった（エンゲルスのいうスウェーデンなどとの戦争はその後のこと）。一九世紀ですら一八一二年にナポレオンが七〇万の軍隊によってロシアを侵略しモスクワは一時占領される。二〇世紀初頭には双方からの帝国主義戦争だが日露戦争で敗北した。またとくに第二次世界戦争でナチス・ドイツの侵略をうけ二千数百万人の犠牲者をだしたことは、ソ連（ロシア）国民に極めて強い防衛意識を植え付けた。先にみた「強いロシア」意識は、この防衛意識と裏腹の関係になっている。このことは体制を越えてロシアに共通したものである。

第三にいえるのは、この防衛意識から「緩衝地帯」あるいは「勢力圏」の形成という思想が生まれていることである。防衛のためには領土を拡大するという方法も当然ある。ソ連は実際そうした。しかし領土拡大は敵との直接対決線を拡大することであり、かならずしも防衛に有利というものでもない。そこで直接対決を避ける「緩衝国」を設けること、換言すればソ連・ロシアの「勢力圏」をつくることが防衛上極めて重要になる。そのためにはそこに当然、親ソ政権が存在する必要がある。この典型が第二次世界戦争後のスターリンによる東欧の「ソ連圏」化である。またそれが崩れようとしたとき起こしたのがブレージネフのチェコスロバキア侵入であり、アフガニスタン侵略戦争である。今回のプーチンのウクライナ侵略戦争はまさにそうである。

ロシアとはこういう国であり、その対外政策はこの三つの要素からできている。臆病だから強くでるというのがロシアであり、かならずしも領土拡大欲だけがロシアという国の特徴ではない。「反ソ主義者でもないし、ましてその逆でもない」とことわっている司馬遼太郎は、ロシアの「原風景」を「外敵を異様におそれるだけでなく、病的な外国への猜疑心、そして潜在的な征服欲」を持った国と特徴付けている（『ロシアについて』）。おおまかにいって当たっていると思う。ただ単純に好戦国というものではない。

こういう国にどう対応していったらいいのであろうか。大軍拡を含む対ロ強硬路線をとればいいというわけではない。ヨーロッパでは形骸化しているヨーロッパ安全保障協力機構を有効なものにし、東アジアではＡＳＥＡＮがおこなっているような平和な枠組みをつくることである。そのためにもウクライナ戦争を可能なかぎり公正に終息させることこそが、今日の重要な国際課題となっているといえる。

（きくなみ　ひろし・元参議院議員）

主要参考文献

塩川伸明論文「ウクライナとロシア―ソ連解体後三〇年の歴史を振り返る―」

和田春樹『ウクライナ戦争　即時停戦論』平凡社、二〇二三年

松井暁『ここにある社会主義』について（大月書店、二〇二三年）

芦田文夫

一

　本書をめぐる共同研究会が「関西唯物論研究会」で二〇二三年一二月三日に催された。本稿は、そこでの私の発言を文章化するよう依頼された覚書であって、正規の書評の形をとったものではない。普通なすべき著書の内容全体にわたる要約・検討は、当日も著者によって詳細になされ、また本書でも「まえがき」「第1章ここにある社会主義」「第12章まとめ」で解り易く述べられている。それで、これは私達がこれからも深めていかなければならないと考えた若干の問題に絞って、私見を書き連ねたものに過ぎないことを、初めにお断りしておきたい。

　本書の目的は「社会主義の意義を根本に立ち返って再考し、今日におけるその可能性を探究すること」にあり、社会主義は「どこにでもある身近なもの」で、また発展段階的にもいま社会主義が「すぐそこにある」とされる（「まえがき」）。そして、それが日常的な身近な言葉と感覚にそくして、できるだけ易しくポピュラーに説かれていこうとする。そこには並々ならぬ工夫が伺え、私達も学ぶべき教示が多々あり、本書がもつ何よりのメリットであるように思われた。

　そのことを押さえた上で、さらに論点を深めていこうとしたとき、次のような全体的な印象をどうしても拭いきれなかった。つまり、社会主義が「どこにでもある」＝「すぐそこにある」という強調の仕方が、逆に社会変革の機軸となる「アソシエーション」形成の当面の結節環、その在処と内実をめぐる問題をあいまいにし拡散させていくのではないか、という危惧である。そこで、そのさいの理論的基礎を体系づけられようとした前著（松井暁『自由主義と社会主義の規範理論―価値理念のマルクス的分析』大月書店、二〇一二年）と対照させながら、現状分析への適用をも試みられた本書について、その理論と現実の相互関係にかかわる展開の仕方を整理してみようとしたのである。

二

前著をめぐる論議については、関西唯研でも『唯物論と現代』特集号（五二号、二〇一四年一一月）が組まれ、論点の対比についてはほぼ全体的に整理がなされているように思われる。規範理論を資本主義と社会主義、自由・平等・共同（協同）、自由主義と民主主義に関わらせて論究していく積極的意義は認めながら、それが「分析的マルクス主義」の方法と「自己所有権原理」（各人は自分の身体と能力の所有者であり、それを自由に行使できる、という原理）に基づいてなされていくことへの疑問と批判であった。人間以外の物（例えば、生産物や生産手段）に対する所有の関係についても、また問われていかざるを得なくなるのではないか。先資本主義の「商品生産の所有法則」から「資本主義的取得法則」への転化においては、「自己労働に基づく所有」から「生産手段の所有と労働との分離」へ、自己労働の所有は否定され「他人労働の搾取」に変化していく。資本主義では、生産と労働の社会化、労働の協業と生産手段の共同使用がおこなわれ、その私的取得法則との矛盾が資本主義的蓄積過程として展開されていく。その解決は、社会化・共同化を物質的基礎にしつつ、人間主体が自覚的な協同「アソシエーション」をつくりあげ、国家権力の変革を介して「生産手段の所有と労働」の再結合、「生産手段の共同所有」に基づく社会主義・共産主義をうちたてることによって果たされていく。

さらに、人間の発達、労働能力や自己実現の問題に関しても、生産手段や生産諸条件との相互関係が問われてくる。マルクスは『経済学批判要綱』（一八五七～五八年の草稿、頁数は原書のもの）で、人類史の三段階を「人格」と「物件」の自立・依存の相互関係によって区別し展開しようとしていた。

①第一段階「人格的な依存の諸関係」―労働の主たる客観的諸条件は自然生的に現存、個人も自然生的な（あるい

はその変形した）共同体の成員としてのみ定在。

②第二段階「物件的依存性のうえに築かれた人格的独立性」――一般的社会的物質代謝、普遍的諸関連、全面的諸欲求、普遍的諸力能といった体系が形成される。労働と客体的諸条件の分離、資本と労働の完全な分離は、自立した個人とその社会的な関係の全面化を生みだす。自然的な欲求の限界を超えた社会自体からうまれる絶えず拡大し豊かになっていく欲求、能力の包括的な一般性と全面性が発展する。しかし、労働生産物および労働そのものが労働する個人から失われ、一方での他人のものとしての富の生産、他方での自分のものとしての「萎縮した労働能力」の生産。以前の目的であった使用価値と共同体の成員としての個人の再生産、その欲求と能力など「人間的諸力」そのものの発展（「人間内奥の完全な創出」）が全く「空虚」なものとなる。また、個人の自立性と社会的関連の全面化が、「物件に依存した人間と人間の関係」になる。

③第三段階「諸個人の普遍的発展のうえに築かれた、また諸個人の共同体的、社会的、生産性を諸個人の社会的力能として服属させることのうえに築かれた自由な個体性」（以上、九一頁）。

つまり、分析的に個々の要素を区別して析出し、それぞれの発展を並列的にたどっていく、というのではない。生産諸条件と人間、あるいは資本と労働の相互関係からなる構造全体の性格が発展段階ごとに質的に違ってくる、そのなかでの諸要素の位置づけと内実の変化が重要なのではないか。そのような疑問と批判から出されていた前書の問題点である。また、人間の発達に関しても、労働能力だけでなく、欲求の社会的な発展を含む全人格的な自立・自由の問題が提起されていた。

私もまた、社会主義の側からみた自由や民主主義とのつながりに関心を寄せていたので、上記特集号の小稿で次のような論点を挙げておいた。

「自己所有権」論に基づいて「資本主義社会」＝「外的資産の不平等」――「社会主義社会」＝「内的資産（労働能力）の不平等」が連続的に位置づけられ、それらの不平等が完全に止揚されていく「共産主義社会」と対置して区別される。しかし、本質的な区別は「資本主義」対「社会主義・共産主義」に置かれるべきで、後者においては生産手段が「共同所有」に転換し、「共同労働」と生産物の「共同所有」がおこなわれる。そのことが大前提で、その生産物のうち個人的に消費される一部分だけが「応能原理」にもとづいて分配されていくのである。生産手段の所有を外在的要件としか見ないのは、本末転倒ではないか。

　また、「原理・理念」と「現実」との相互関係に関して、「二つの次元」論と称される松井「新説」をめぐっての問題点である。「疎外」が規範論として、「第一の次元」＝「自由主義社会の観点（「原子的で自由で孤立した個人の観点」）からの疎外」と「第二の次元」＝「共産主義社会の観点からの疎外」とに区別される。そして、自由主義社会・資本主義社会においては、第一の次元の原理を「誰もが当然であると思念」し、「この原理が制度としても定着」している。それで、「これをあえて受け入れて批判するという方法」＝「内在的批判」をとっていかなければならない。それは「近代市民社会に生きる人々」の「意識と制度」に定着している「現実」を踏まえたものであり、その「運動」「実践」によって媒介された「経験的現実的性格」をもつものである、と強調される。資本主義社会の下でも、その規範と「抵触するもの」に対する「部分的克服」「軽減」が働きかけられて「漸次的改革」（福祉国家の諸制度などの）がもたらされていく。そこに、「市場経済という客観的な土台」と「人間主体・変革主体の意識や運動」とを統合していく史的唯物論の視点がある、とされていた。ここでも、「制度」がなによりも「意識」「理念・原理」と結びつけられ、他方で現実の「土台・経済過程」との関わりについては「市場経済」としての展開だけになってしまうのではないか、という問題である。

三

　さて、以上のようななかでの論点に配慮しながら新著を読み進めていくなかでまず気づくのは、一つは社会主義・共産主義について「生産手段の共有」ということがとくに強調されるようになったことであり（第1章）、もう一つは「制度」についてその「方向」ということが付け加えて語られるようになったことであろう（第2章）。

　「社会主義とは、人々が人間性の開花のために社交しコミュニケートできる社会をつくることであり、そのために生産手段を社会的所有にすることである」（二二九頁、以下頁数のみは新著）。本義はそのような人間関係（「共同主義」と名付けられる）にあるのであって、生産手段の共同的所有はそのために不可欠な必要要件である。「共同主義（コミュニズム）」が人類史のあらゆる社会に通底する基盤にある、という捉え方が強調される。そして、そのような「共同主義」的人間関係のなかでこそ育成され得る人間発達の内実が「自己実現」（自分の潜在能力の自由な発揮）という言葉で説明されていく。その自己実現は二つの「要素」からなるとされ、「自己実現の現実化」と「自己実現の外面化」が区別される。後者は「社会の中で」発揮することとされるのであるが、私はよく理解できなかった。社会の中で発揮されない現実化というのがあるのか。推察できるのは、続いて第3章で論じられる「自由主義」説と「社会主義」説の区別と関わって、「自由主義」派のように個人の実現だけを考えるか、あるいは「社会主義」派のなかでも社会の中で個人―集団（会社・企業、協同組合など）―社会全体のどのレベルに重点をかけて考えていくか、といった「学説」「理論」に軸を置いた区分から析出されてくる「要素」と現実の要素との混在があるように思われた。

もう一つの「制度」と「方向」については、ふつう社会主義を語るさいに挙げられる三つの観点、「思想」、それを現実の社会に実現する「運動」、生産手段の社会的所有が達成される「体制」が用いられるが、本書ではさらに二つの観点を加え、「制度」とその「方向」が導入される。「制度」は「運動」と「体制」の中間に位置するもので、資本主義体制の変革がなくてもその枠内で社会主義的性格をもつ制度（例えば、労働基準法や社会保障の制度など）が実現するように、制度は体制の重要な「構成部分」である。それらが「積み重ねられて社会主義体制に接近していく」（二〇頁）。しかし、その運動が社会主義の「理念」「原理」をもち、それに接近していくものかどうかが重要であるとして、その基準が「方向」として設定されていくことになる（資本主義は利潤追求原理―社会主義は共同主義と自己実現原理）。つまり結局、五つの観点は起点「思想」と終点「理念・原理」をもつ一連の軸にそったものであって、先に前著の書評でもふれておいたようにそこには「運動」「実践」からくる「経験的現実」が一定反映されているとしても、客観的な構造全体の現実の分析とは異なる。「体制から分析対象をより小さくして、制度に分け入ってみれば」（二一頁）という「分析的マルクス主義」の方法によって取り出されてくる「部分」をめぐる問題であったのである。

続く第4章では、労働と生産手段の関係が論じられるのであるが、ここでもまた「労働」説（所得の根拠を労働に求める考え方）と「生産手段」説（同じく生産手段に求める）という学説の区分を用いて説かれていくのが特徴的である。単純商品生産では「自己労働に基づく所有」という労働説が支配的である。労働と所有が分離する資本主義では、実際は他人労働による搾取がおこなわれるようになるが、「自己労働に基づく所有」の意識が広く残り、労働者は労働説によって搾取廃絶の闘争を進める。社会主義・共産主義になっても、その低い段階ではその意識が残っており「労働に応じた分配」がおこなわれる、という説明である。

このような「所得分配」部分の「自己所有」権だけを基軸に置いた段階区分が、現実の構造全体の分析とは異なるという問題は、先にも前著についてふれておいたのでここでは繰り返さない。ただ、「生産力」の発展と「制度」の展開に関わってくる論点だけを挙げておくことにしたい。二つの異なる発展段階について、何よりもその基礎には「生産力」の発展があるとされ、それが労働と生産手段の関係を媒介とすることが強調される。だが問題はその中身であって、それにより初めて「分配原理の相違が説明可能」（六二頁）になるからだとされる。そして、「生産力」の発展に応じて、「労働」の社会化（単純商品を生産する個人的な労働から、複雑商品＝企業内での協業による労働へ発展する）―その上での「生産手段の共同化」・「生産手段（の増大）」が「労働（の減少）」と対比されて両者の比重変化が説かれていく。「労働」の減少によって初めて「生産手段」説が支配的になること、「労働」が自発的な自己「活動」・自己実現になり、所得分配の原理から意味を失って消えてしまうことになる、とされる。このように、労働と生産手段の相互関係といっても、それぞれは別々に分析的に取り出された「部分」「要素」であり、その上で両者の「増減」や「広狭」の関係が対比されて論じられていくというものであった。

しかし、自由や平等などの規範論を学説史的に整理していこうとするとき、そのような方法が新しい切り込みをもたらしていったことも確かであって、私達が現状分析への適用と往復させながら、それらをさらに検証し合って（とくに、「意識」―「運動」など上部構造に関わる問題について）学び取っていこうとする理由もまたそこにあるであろう。

四

本書で現状分析に適用されていくさいの特徴を、「アソシエーション」形成の問題に絞って検討してみたい。

戦後の資本主義の発展段階が、一九六〇年代の「高度経済成長」と「福祉国家」の時期（①段階と略記）、八〇年代頃からの「新自由主義」の時期（②段階）に区分されて論じられていくのであるが、社会主義への展望との関連においては、もっぱら①段階の達成（福祉諸「制度」の増大）が中心に語られ、その上でそれがもつ限界が先の「社会主義原理」（「共同主義」と自己実現）と照らし合わされて、さらなる飛躍の必要が説かれていく、という位置づけになっている。②段階は、その諸「制度」の「後退」であり、その「要素」「部分」の減少に過ぎないとされるからであろう。これに対して私は、②段階の客観的な構造自体の矛盾のなかに次への新たな変革契機が求められるべきであり、そのことに「アソシエーション」形成の内実と位置づけの質的変化をめぐる問題が関わってくる、と考えるのである。

本書（まとまっては、一九四～二〇〇頁）でも、両段階の変化をもたらした要因として、高度成長から低成長・ゼロ成長への経済過程を基盤にして、「国家の役割」の変化、「グローバル化」、さらに「情報化」が挙げられる。しかし、それらは①段階から社会主義原理への飛躍にとってネガティブなものとしての分析だけであり、②段階の矛盾がはらむポジティブな変革契機としての内容ではない。いま「新自由主義」の下で、貨幣＝金融を主導とする多国籍企業・資本の蓄積と循環が全世界をグローバルに覆うようになって、これまでの「国家－企業」のヒエラルキー的枠組にそった制度編制が破綻をきたすようになっている。だが他方では、その市場経済化が広く人々の生存の根源にまで浸透し、人間としての基本的権利と尊厳を深く傷つけるようになっている。そして、「人間らしい（ディーセントな）生活＝労働」の回復のためには、「自立した諸個人の協同（アソシエーション）」が基礎となり基軸となって、逆に社会経済構成の全体を組み替えていかなければならなくなっている、というところに②段階の現実から要請されてくる実践的な課題がある、と私は考えるのである。

そこでは、全体として①段階での「ヒエラルキー」的連関が衰退し、替わって水平的な、「アナーキー」（市場競争）的あるいは「ヘテラルキー」（自己編成）」的な連関、「市民社会」型とも称される連関が次第に優位に立つような変化が生じており、それをベースに資本と労働の対抗関係も繰り広げられてくるようになる。その下で生まれる制度編制の位置づけと内実の質的変化が重要なのではないか。社会構成の各レベル（次元）毎にまとめてみた次のような論点が、そのさいの要になってくるように思われるのである。

〔一〕個人のレベルで。新たな主体的な自立性と創造性、拡充された社会性と協同性の諸契機。

社会福祉制度の発展をめぐる論議で出されていたように、①段階の「貨幣所得配分」中心のものから、②段階の「ニーズ表出」型（現物的サービスを含む多様な選択の自由と自律）、また「社会的包摂」型（「生活」必要の広がりと「労働」能力養成との重なり、双方を含んだ人々の社会参加と拡充した社会関係）が求められざるを得なくなる実在的契機である。

そこには、「資本」による「労働」の雇用形態（雇用の不安定・半失業による生活不安）―労働時間・労働条件（働き過ぎ・働かせ過ぎ）―賃金（生活できない低賃金、「ワーキング・プア」）の全般的な縮減と劣化があった。労働にかかわる基準・ルールを総合的抜本的に改革する「全般的な労働改革」が求められ、それが「全般的な生活改革」と重なり合って現れてくるところに、現段階の特徴があると議論されている。「貧困化」が生活領域の全体に及び、衣食住だけでなく社会保険加入・医療・介護・福祉・教育・職業能力確保・子育て・社会的交際など関連した多様な領域における「全般的な生活改革」が求められるようになっている。「生活の場」と「労働の場」（就労、労働能力の養成、労働と技能の再訓練）との重なり、「労働」と「生活」に関わるこれまでの基準とルールを全体的に抜本的に見直し、両者を有機的に関連づけながらそれらを新たな「社会的制度」として現実化していく課題である。

いま、「諸個人の自立と協同」に生まれてきた新たな全般的総合的な変革の諸契機（「欲求充足、生産物からの疎外」、「労働からの疎外、自己疎外」、そして「人間の類的本質、自由な意識的制御からの疎外」からの回復のための有機的に結合した諸契機）に足場を据えて、資本に対抗する「アソシエーション」の内実と枠組みを文字通り社会全体のものとしてより拡充していく以外にはないであろう。①段階の「要素」「制度」を構成する各部分の「増減」「広狭」だけでなく、それらの構造的編制と内実が発展段階に応じて質的に変化してくる、という問題である。

〔二〕「組織（企業）」のレベルで。労働主体・生活主体による「下から」「外から」の広がった社会的制御のなかで新しく生まれてくる諸契機。

そのなによりの特徴は、企業の枠組みを超えた社会関係（先の「社会的包摂」）の展開である。それは、資本の利潤追求の動きは容認し、その枠内での制度の変更である。だがその下で、現代企業に一般的な株式会社における「所有」と相対的に分離した「経営・管理」の機能に働きかけて、その影響を被る多様な「ステイクホルダー（利害関係者）」（労働者、消費・生活者、市民、地域住民、あるいは取引調達業者、…）の監視や規制、社会的制御を加えていこうとする。「ビジネスの営利活動」と「人間の生存・生活」－「自然環境」との共存を図ることによって、より長期の「持続可能性」（SDGs）を保証していこうとするのである。これまでの「国家－企業」の枠組みによる「上から」の権威主義的な社会統合に替わって、「下から」の「外から」のもっと広いグローバルな全人類的な規制・制御を加えていかざるを得なくなっているのである。

それらの基礎には、「労働」と「生活」が癒合し連動する共通の関係が広く横たわっており、「経営」「管理」に対する社会的－民主的制御という原則的な置き方は、その他のあらゆる企業・組織にもまた共通に貫かれていく。物質的生産の領域にとどまらず、生活・福祉、保育・教育・医療さらには社会・文化・情報などの領域の諸企業・組織においても、「資本」による包摂過程が進み、擬制的な「社会資本」「文化資本」「知的資本」の支配に対抗する協同の「アソシエーション」の構築が必須となってきている。情報化の進展は、コミュニケーション過程と生産的領域の新たな融合の課題を促す。この段階で広く出現するようになる「NGO非政府企業・組織」「NPO非営利企業・組織」にも、このような原則（一方で政府・国家からの自立性、他方で営利・利潤からの自立性）が共通して追求されようとする特徴が典型的に見出せるように思われる。

ところが本書では、「まとめ」の前の11章「社会主義の予兆」で、②段階で新たに見られるようになった諸現象（シェアリング・エコノミー、企業の社会的責任、社会的企業、社会的連帯経済、労働者協同組合、再公営化、自治体主義など）が概観される。だが、それらは①段階と対比した構造的編制と内実の変化という視角からではなく、全体としてその構成部分の「退行」という位置づけの下であった。そして、なによりも「アソシエーション」が企業を単位とする枠組みでしか論じられていかないことである。先にも検討しておいたように、「労働」の社会化と「生産手段」の共同化が分析的に区分され、「アソシエーション」は企業内のメンバーの協業労働の形態とだけ結びつけられ、その「自己実現」「自主管理」として現実化されていく、とされていた（五六頁）。その展開も、労働者協同組合や消費協同組合のような所有＝労働が結合した制度が構成部分としてどれほど数が「増減」するか、あるいは場が「広狭」するか、だけの問題になってしまう。結局は、「二〇世紀型社会主義」の枠組みを超えないものとなって、「市民社会的基盤（「生活世界」「生活過程」）と連動した構造全体の民主主義的変革の課題には応えきれないものとなるのではないか。

［三］マクロの次元における課題。

いま、以前の国家による「マクロ経済調整（財政・金融）」制度の弱体化と破綻が進むなかで、それに替わる新たな制度設定が求められてくるようになっている。本書でも、資本主義の「計画」について、一方では利潤原理と対照させてそれを拒否的に、他方では社会主義における生産手段の社会的所有と対照させてその限界が述べられるが、積極的には従来型の「所得の再分配と税・財政制度」の軸だけの言及に終わっているように見える。しかし今は、「労働」と「生活」、消費と生産、循環過程・「物質代謝過程」の構造全体の転換が緊要の課題とされるようになっている。その民主主義的変革のオルタナティブな「プログラム」が急がれ、そのビジョン化と具体化がないと、広い国民的な合意と支持も得られなくなっている（例えば「経済再生プラン」）。

ただここでは、その内容を詳論しようとするのが目的ではなく、それぞれの理論化の努力が現状分析に適用されていくさい、その接点となるものがどのような形であるのか、それをまず整理してみようとしたのである。もう紙数が無くなったので、私自身の試みについては立ち入れない（近年の諸論稿を参照―拙著『資本に対抗する民主主義』二〇二一年、本の泉社、拙論『経済理論』誌、五九巻四号、二〇二三年一月）。

要点だけを列挙すれば、現状分析との結節環の中心に、⑴「自立した諸主体の対等で平等」という原則に基づいた新たな規範的制度（基準「ノルム」と規則「ルール」）が据えられ、それが基礎となり基軸となってあらゆる社会的な調整が具体化されていく。そして、「利潤率」「利子率」に対抗する「賃金率」「労働基準」「生活保障基準」による制御。⑵マクロやセミマクロのレベルでは、資源やエネルギー、自然的・社会的インフラの要因（「コモン」「社会的組織的資本」）は固有の役割を演じ、それらの配分と利用をめぐって下位レベルとの間でフィードバック的な調整が必要となる。それも従来のような国家による直接的指令的な方式でなく、基準・規則による間接的誘導的な方法が主になっていく。「社会権」の諸基準、さらに「自然環境」の諸基準による制御。(3)産業部門や地域でのより高いレベルに向けて基準・規則が重層的に形成されていくさいにも、資本主義の利潤率の形成プロセスとは逆になってくるであろう。異なった産業部門における「特殊的利潤率」が「平均利潤率」に転成していって姿を消してしまうのではなく、質的量的に違った社会的使用価値にねざした「特殊的利潤率」がむしろ全体を貫き主導して基準が積み重ねられていく。

これらについての具体的ないっそうの論議、さらには新たな問題—おそらくは「情報化」などを軸とする現実の進展にそくして、現状分析への具体的な適用と往復させながら、それぞれの理論化への営みを相互に検証し合って今後の論究が深められていくことを期待したい。まずはその手掛かりとして、とりあえずの論点整理を試みたのがこの覚書である。

（あしだ ふみお・立命館大学名誉教授・経済学）

ポスト新自由主義としての社会主義

――芦田文夫氏による拙著への書評に応えて――

松井　暁

私は昨年九月に『ここにある社会主義：今日から始めるコミュニズム入門』（松井二〇二三B）を大月書店から出版した。関西唯物論研究会は同年一二月に拙著を題材として合評会を開催してくださり、私は参加者から有益なご意見をいただいた。その後『唯物論と現代』にて拙著への書評と本稿からなる特集を組んでいただくことになり、本稿提出の締め切り前に芦田文夫氏による書評（芦田二〇二四）をいただいた。

本研究会には二〇一四年にも私の『自由主義と社会主義の規範理論：価値理念のマルクス的分析』（松井二〇一二）を題材にして合評会を開催していただき、『唯物論と現代』にて特集を組んでいただいた。本研究会には私の議論に再度着目していただき、たいへん光栄に存じている。

今回の芦田氏の書評は、松井（二〇一二）から松井（二〇二三B）に至る、ポスト資本主義としての社会主義をめぐる私の学説を総合的に検討したものなので、本稿もそれに応えた内容にしたい。また芦田氏の議論は『「資本」に対抗する民主主義―市場経済の制御と「アソシエーション」』（芦田二〇二一）などに基づくので、これらの文献にも言及しながら応答する。

一　社会変革の行程

芦田氏は拙著に対して次のような「全体的な印象」をもたれたとのことである。「社会主義が『どこにでもある』＝『すぐそこにある』という強調の仕方が、逆に社会変革の基軸となる『アソシエーション』形成の当面の結節環、その在処と内実をめぐる問題を曖昧にし拡散させていくのではないか、という危惧である」（芦田二〇二四、三四―三五）。

芦田氏が抱いた印象の意味がこの記述だけではよく理解できなかったので、芦田（二〇二一）を紐解いたところ、同様の記述を見つけた。「現在の段階においては、市場と価値法則の利用ということが共通のベースとなって、資本の集積・集中、格差化と貧困化に対抗し、『労働権』『生活権』『社会権』を社会全体で押し上げていく、その『アソシエーション』の内実と枠組みを全社会的なものに全人類的なものに拡充していくことがなによりも大事であって、『ラディカルな転換』『資本主義―市場経済の廃止』の提唱は逆にそれを狭め分散させる結果になるのではないか」（芦田二〇二一、三五五―五六）。この部分を読んで、芦田氏が抱いた危惧の内容をよく理解できた。社会変革の行程について芦田氏と私は考えを異にする。

私の見解を明確にしておこう。日本を含む先進国では資本主義が十分に成熟しており、社会主義への移行の準備ができている。新自由主義に対抗して民主的規制を強め、課税と再分配の仕組みを強化し、福祉国家を再建することは先決だが、それは一時的な方策にすぎない。なぜなら二〇二〇年代の現在、先進国が福祉国家を永続させうる条件は存在しないし、しかも永続させるべきではないからである[1]。したがってわれわれは福祉国家を再建したならば、そこに止まらないですぐに市場社会主義へと移行すべきである。しかし市場社会主義も市場経済の矛盾を抑制することができないから、やはり持続不可能である。それゆえさらに市場を廃絶した計画経済に移行せねばならない[2]。つまり新自由主義→再建福祉国家→市場社会主義→計画経済に基づく共産主義社会という行程である。

芦田氏は将来社会への移行過程について、次のように述べている。「『アソシエーション』がたんなる理念に留まるのではなく、資本主義からの次の一歩（『実現可能な社会主義』）として市場経済化の普遍的な存在を前提にした上で、その利用と制御を内在的にそして段階的に図りながら、終極の『市場経済の止揚』に近づいていく、という具体的な道筋のなかに位置づける」（芦田二〇二一、三九六）。まず確認しておきたいのは、最終目標としては芦田氏も私も市場経済を廃絶した共産主義社会を展望しており、この点で一致していることである。では芦田氏の「『資本』に対抗する民主主義」と私の社会主義論はどこが異なるのか。

芦田氏はポスト新自由主義について、次のように自説をまとめている。芦田氏が明らかにしたのは「いま『新自由主義』の下で貨幣―金融を主導とする多国籍企業・資本の蓄積と循環が全世界をグローバルに覆うようになって、これまでの「国家―企業」のヒエラルキー的枠組にそった制度編成が破綻をきたすようになっている、ということであった。『労働』と『生活』の根源にまで市場経済化が浸透し、人間としての権利と尊厳を深く傷つけるようになっている。そして、『人間らしい（ディーセントな）生活＝労働』の回復のためには、『自律した諸個人のアソシエーション』が基礎となり基軸となって、逆に社会経済構成の全体を組み替えていかなければならなくなっている、というところに民主主義をめぐる制度転換の現代における特徴があるように思われる」（芦田二〇二三、二九）。

　これを私なりにパラフレーズすると次のようになる。新自由主義のもとで資本主義がもたらす疎外が、社会のあらゆる領域に及んでいる。だからこそ生活、企業、マクロ経済、世界経済にわたる諸次元で、新自由主義に対抗する民主主義的な基準を提出せねばならない。現時点で何よりも必要なことは、市場の利用を基礎にして労働権・生活権・社会権を強化し、アソシエーションを全社会に拡充していくことである。

　私にはっきりと分からないのは、「『資本』に対抗する民主主義」が経済体制としては、福祉国家資本主義と市場社会主義のいずれなのかという点である。芦田（二〇二一）の第Ⅱ部第五章「『二一世紀・社会主義』のあり方と民主主義論」は、J・ローマーが提案した第五段階の市場社会主義論を次のように評価する。「企業の『所有権』『経営権』を容認し、それに対抗して労働者・生活者の『労働権』『生存権』や『社会権』にもとづいて社会的な規制や制御をおこない、『利潤』の分配の平等化を求めていく。それを現実化させていくのは『アソシエーション』の協同的な力であって（ローマーのような方法論的個人主義の立場を脱した）、それがかつてのような「国家―企業」の枠組みを超えて、いっそう社会的に拡充された内実をもつものになっていかなければならないのである」（一三五）。

　また第Ⅲ部第二章第三節「『社会主義―市場経済』にそくした平等論の具体化」では、A・センの潜在能力アプローチに関わって次のように論じられている。「マルクスの社会主義・共産主義論においては資本主義と原理的に対照された非商品生産・非市場経済として描かれていたのであるが、現在の課題はそれへむけての過渡的過程における『社会主義―市場経済』論の現実にそくした展開の枠組みが問われているのであり、これらが具体化への手がかりを与えてくれる、と考えるのである」（三二八）。

これらの引用箇所から察すると、芦田氏は市場社会主義を推奨しているようにみえる。しかし芦田氏が「逆転した編成の要」として挙げるのは、次の四つである。すなわち「起点となるディーセントな『労働基準』『生活基準』」「組織（企業）」と『社会的制度』における転換」「マクロ経済調整における制度転換」「資本のグローバル化と民主主義的な『国際化』基準」である（芦田二〇二三、二一九―二三〇）。私見ではこれらはいずれも従来の福祉国家の枠組みで実行可能な目標である。

ローマーの市場社会主義論を芦田氏が評価する際の基準は、労働権・生存権・社会権を発展させ、利潤を平等に分配する点にあり、生産手段の社会的所有におかれているわけではない。またセンの潜在能力アプローチは資本主義を前提にした提案であり、決して社会主義の構築を求めたものではない。しかも上述のように、芦田氏は「『資本主義―市場経済の廃止』の提唱は逆にそれを狭め分散させる結果になる」と述べていた（芦田二〇二一、三五六）。彼は現時点での「資本主義―市場経済の廃止」に反対している。以上の検討から総合的に判断すると、芦田氏の推進する「『資本』に対抗する民主主義」とは、市場社会主義を指向する福祉国家資本主義のようである。

芦田氏と私が異なるのは、私が現代資本主義から計画経済に基づく共産主義社会へ移行する必要性と可能性が、二〇二〇年代の現時点で存在すると考えるのに対して、芦田氏が市場経済を廃絶した共産主義社会は「遠い未来社会のこと」（芦田二〇二一、七六）と認識していることである。私は福祉国家資本主義と市場社会主義を不安定で永続しない通過点と捉える。しかし芦田氏は福祉国家資本主義ないし市場社会主義を内実とする「『資本』に対抗する民主主義」を、ポスト新自由主義の経済体制として定着させねばならないと考えている。

芦田氏も私も、新自由主義→再建福祉国家→市場社会主義→計画経済という社会変革の順路を構想している点では一致する。芦田氏は、再建福祉国家から市場社会主義に至る段階を、ポスト新自由主義の永続的に存立する体制として位置づける。これに対して私は、それらの段階を一時的に通過するだけの体制として捉え、ポスト新自由主義としては計画経済に基づく共産主義社会を展望する。

このように芦田氏と私の見解の相違を確認したうえで、拙著がなぜポスト新自由主義としての社会主義を強調したのかを説明しよう。新自由主義政策のもとで格差の拡大、経済の金融化、気候変動の深刻化といった資本主義の矛盾が深化するなか、欧米や南米では社会主義を掲げる運動・政党が勢力を維持し、さらには躍進している場合もある。この現象は、先進国では単に政治イデオロギーの次元にとどまらず、資本主義が末期を迎えて社会主義へ移行する客観的状況が生じていることの反映である。

ところが日本の政治状況においては「社会主義」という言葉が死語になり、これを掲げる運動も低迷している。その根本原因は一九八〇年代末からのソ連型社会体制の崩壊にあるが、それだけにとどまらず日本特有の政治状況も大きく影響している。一九七〇年代までは政治対立の構図は、「保守＝資本主義」対「革新＝社会主義」であった。ところが八〇年代以降の冷戦終結とともに、この構図は「五五年体制」として過去の遺物かのように扱われた。社会党の大部分が移行した民主党は、資本主義を前提とした保守政党であり、政権についても自民党政権と政策は変わらなかった。それゆえ国民には与党と野党の対立軸がどこにあるのか、わからなくなってしまった。

この混迷状態から脱出できない責任の一端は左派研究者にもある。マルクス経済学者は資本主義の矛盾の深化を指摘しながらも、社会主義については寡黙である。ソ連型社会体制の崩壊によって悲観論に陥った社会主義経済研究者は、資本主義と市場経済の廃絶に否定的である。法学分野でも『マルクス主義法学講座』（一九七六—八〇年）の執筆者が「幸せになる資本主義」を提唱するようになった。[3]

こうした状況において左派が社会主義を前面に押し出すのを遠慮すれば、社会主義を標榜する運動・政党は縮小の一途を辿り、最終的には社会主義の看板を下すことになろう。そこで拙著は、ポスト新自由主義としての社会主義を強調し、社会主義の必要性と可能性が今後ますます大きくなることを明らかにしたのである。

二　疎外の二つの次元

松井（二〇二二）が提示し、芦田氏が書評で言及した疎外の「二つの次元」をめぐって（芦田二〇二四、三七）、同氏と私の間に今もなお大きな見解の相違が残っている。この論点は、芦田氏の「『資本』に対抗する民主主義」と私の提案する社会主義の相違を本質的に規定するので、ここでふれておこう。

疎外の二つの次元とは、次の通りである。疎外の第一の次元は、自由・平等・所有・功利・正義からなる自由主義の原理――芦田氏の掲げる理念に関わらせていえば自由・平等・民主主義――が侵害されていることである。社会主義派は資本主義社会において自由・平等・民主主義が侵害されていることに対して、これらの理念の発展を積極的に追求する。私は自由・平等・民主主義を決して否定も軽視もしていない。この点は誤解されやすいので念を押しておく。

次に疎外の第二の次元とは、社会主義の原理である完成（自己実現）と共同が損なわれていることである。もし完成・共同と自由・平等・民主主義が対立したときは、前者が優先される。「完全な自由」「完全な平等」「完全な民主主義」は疎外態であり、共産主義社会では追求されない。自然環境と共同体の中で生きる人間は限定された存在であり、完全な自由は獲得できないし追求するべきでもない。共産主義社会では諸個人が資源を平等に所有するのではなく共同で所有する。例えば共有地としての公園を解体して各世帯に庭として平等に分配するわけではない。民主主義とは「人民の権力」である。権力や正義の行使が政治だとすれば、共産主義とは政治からの解放であり、その意味では民主主義からの解放でもある。[4]

ポスト新自由主義としての社会主義にとって重要なことは、第一の次元の疎外を克服する際に、第二の次元の疎外が関わってくることである。体制論としては、自由主義左派が提示する代替社会論、例えばJ・ロールズの財産所有民主主義やセンの潜在能力の平等を、社会主義派としてどう捉えるかという問題が挙げられる。これらの提案では生産手段のような外的資産や能力のような内的資産が、共同所有ではなくて平等所有の下におかれる。それは市場経済には親和的であるが、市場を廃絶して共有財産制を指向する共産主義社会にとっては、その実現を阻む要因になる。K・マルクスのプルードン派に対する批判を想起すれば、ご理解いただけるであろう。市民社会派や分析的マルクス主義は、疎外の第一の次元を克服することのみを社会主義の課題だと捉え、自由主義左派と社会主義の相違を無くしてしまう点で欠陥を抱えていた。[5]

したがって、まずは自由・平等・民主主義を理念とする市民社会を追求し、それがそこそこ達成されたなら、さらにそれらの理念を完全なものにするために社会主義を追求するという戦略は成立しない。「完全な自由」「完全な平等」そして「完全な民主主義」は自由主義左派の目的ではあっても、第二の次元の疎外態であって、社会主義の目標にはなりえない。自由・平等・民主主義を推進する場合には、その限界を十分に踏まえるべきであり、そのためには社会主義の観点を最初から適用する必要がある。この理由からしても現時点で、民主主義にとどまらず社会主義を前面に押し出さねばならないのである。[6]

三　資本主義の構造変化

芦田氏は、拙著には高度成長・福祉国家段階から新自由主義段階にかけての構造変化の分析が欠落していると指摘する。「本書では、『まとめ』の前の11章『社会主義の予兆』で、②段階で新たにみられるようになった諸現象（シェアリング・エコノミー、企業の社会的責任、社会的企業、社会的連帯経済、労働者協同組合、再公営化、自治体主義など）が概観される。だが、それらは①段階と対比した構造的編成と内実の変化という視角からではなく、全体としてその構成部分の『退行』という位置づけの下であった」（芦田二〇二四、四二）。[7]

拙著はたしかに資本主義の構造変化に一つの独立の章をあてて詳細に分析しているわけではない。しかし「まえがき」では次のように述べている。

「第三の強調点は、社会主義は今日における経済の発展段階に適した新しい社会システムを構築する、最先端の運動だということです。

今日、日々の仕事や生活に不可欠なプラットフォームやビッグデータは、ＧＡＦＡＭのような巨大ＩＴ企業が独占していますが、これらのサービスは高い公共性を備えており、市民が自由に使えるほうが効率的です。つまり情報化段階を迎えた経済では、資本主義よりも社会主義のほうが適しているのです。

社会の生産力が急速に発展する中で、福祉国家を超えた、共同的な経済活動に基づく社会、すなわち共産主義社会が近づきつつある予兆が出現しています」（松井二〇二三Ｂ、ⅵ頁）。

第九章では、ウォルマートのように一つの企業が国家に相当する経済規模を計画的に運営するほどに生産の社会化が進展している事実を取り上げた。また第一〇章末の「福祉国家の限界と社会主義」では、ゼロ成長への移行、国家の役割の低下、グローバル化、情報化という資本主義の構造変化を取り上げ、それが福祉国家資本主義ではなくて社会主義の登場を今日的課題にしていることを論じた。このように拙著は、資本主義における生産力の発展や生産の社会化という客観的な構造変化を強調している。

芦田氏自身は「②段階の客観的な構造自体の矛盾のなかに次への新たな変革契機」を見出すとされる（芦田二〇二四、四〇）。その矛盾とは「『労働』と『生活』の根源にまで市場経済化が浸透し、人間としての権利と尊厳を深く傷つけるようになっている」（芦田二〇二三、二九）ことである。つまり芦田氏のいう「構造的編成と内実の変化」とは、資本主義の「構造自体の矛盾」という否定的側面のことである。

ここで資本主義の構造変化について、芦田氏と私が異なる内容を認識していることがわかる。芦田氏のいう構造変化とは、資本主義の矛盾の深化という否定的側面のことであり、私のいう構造変化とは、資本主義の中に社会主義を準備する萌芽が生じているという肯定的側面のことである。

拙著の議論はR・ヒルファディングの「組織された資本主義」論と同じ欠陥を有すると、芦田氏には見えたのかもしれない。一九二〇年代、ドイツ社会民主党のヒルファディングは、資本主義の独占化傾向によって生産の無政府性や恐慌がなくなるので、資本主義は自動的に組織化されていくと主張した[8]。この議論は、資本主義は自由放任にすればその矛盾がいっそう激化するという観点を欠落させており、労働者・市民による主体的運動がなくとも自動的に社会主義に移行するような誤解を与える点で、欠陥がある。ただしヒルファディングが資本主義の組織化という現象を指摘したこと自体は間違いではない。問題は社会主義派の資本主義論として、バランスを欠いた点にあった。

マルクスの資本主義論の特色は、資本主義の否定的側面を指摘する議論と肯定的側面を分析する議論の二つがバランスを保つ点にある。否定的側面とは疎外、搾取と階級、恐慌であり、肯定的側面とは生産力の発展、生産の社会化である。しかし、ポスト新自由主義としての社会主義が必要かつ可能であることを主張する拙著は、肯定面から社会主義につなげることに力点をおいた[9]。なぜなら否定的側面を指摘する論説は多く存在するが、肯定的側面に言及する議論は比較的少なかったからである。私は芦田氏が抱いたような懸念が生じることを半ば承知で、資本主義の中に社会主義の萌芽が存在することを強調したのである[10]。

四　資本主義論と社会主義論

この問題に関わって、資本主義論と社会主義論は表裏一体であることを指摘しておきたい。日本のマルクス経済学派の特色として、資本主義論と社会主義論が分離されてきたことが挙げられる。『資本論』に基づいたマルクス経済学ないし社会経済学の教科書を見ると、そこには資本主義の矛盾についての叙述のみで、その矛盾が解決された社会主義ではどうなるかという議論がほとんどない。そもそも社会主義という言葉が一度も登場しない経済原論もある[11]。

他方、社会主義経済研究も資本主義の肯定面を軽視してきた点では、同じ問題を抱えていた。一九八〇年代に芦田氏は小野一郎氏とともに『現代の社会主義』（芦田編一九八七）を刊行している。それまでの社会主義に関する教科書が、ソ連・東欧・中国経済の描写に終わっていたのに対して、本書は概説書でありながら、ソ連型社会体制にとどまらず日本という先進資本主義国がどのようにして社会主義へと到達するかを展望している点で画期的であった。私は一九八〇年代後半に一橋大学経済学研究科でマルクス経済学を学んだ。本書を同大学の関恒義ゼミで取り上げてもらい、さっそく興味深く読んだのを覚えている。

小野氏が執筆した第二章「社会主義社会の管理・運営体制」では、「共同管理・計画経済の体制」として次のように述べられている。「資本主義においては、資源と労働の配分と投入が社会のさまざまな必要を満たすのに見合っているかどうかは生産過程ではわからず、生産物が市場に出されたあと価格メカニズムによる需給関係の調整をつうじて事後的に確定するが、社会主義においては、その基本的枠組みが生産過程における事前の調整をつうじて計画的に決定されるわけである。ここに計画経済と市場経済との原理的な違いがある」（芦田編一九八七、九六―九七）。この叙述では資本主義と社会主義が正反対の経済体制として描かれている。そこからは資本主義の否定面を社会主義が払拭することは理解できても、資本主義の中にある肯定面を社会主義が継承し発展させることは読み取ることができない。

今回、芦田氏による一連の労作、すなわち『社会主義的所有と価値論』（芦田一九七六）から、『ソ連社会主義論―現状と課題』（長砂・芦田編一九八一）、『ロシア体制転換と経済学―文明史における市場化』（芦田一九九九）、そして『「資本」に対抗する民主主義』に至るまで改めて読み返してみた。私の感想としては、資本主義における生産力の発展と生産の社会化を基礎にして社会主義が構築されるという議論は少なかったように思われる。この傾向は社会主義経済研究者一般に共通する。

このような傾向が生じた原因は、社会主義経済研究者が対象としたソ連型社会体制が、資本主義の発展のうえに築かれた社会主義社会ではなかったことにある。社会主義社会は資本主義の十分な発展を基礎にしてのみ可能である。ソ連や中国のように資本主義が未成熟な社会で社会主義を建設することは、そもそも不可能であった。よって拙著でも述べたように、ソ連型社会体制は社会主義とは呼べない。ソ連型社会体制を研究対象としたことは、社会主義経済研究者にとって致命的な不運であった。

一九八〇年代末にはソ連・東欧の変動で社会主義とは何かが院生の間でも話題になった。その時、指導教授の故松石勝彦教授に「どうして『経済理論学会』では社会主義についての議論が少ないのですか?」と尋ねた。教授は「『経済理論学会』の研究対象は資本主義だ。社会主義を扱うのは『社会主義経済学会』(現在は比較経済体制学会)だ」と答えた。つまり経済理論学会に集うマルクス経済学者は、資本主義の矛盾を鋭く追求しても、それが社会主義社会ではどのように解決されるかを論じなかったし、社会主義経済学会に集う社会主義経済研究者は、資本主義の中で進展した生産力の発展と生産の社会化が社会主義社会でどのように生かされるのかを論じてこなかったのである。

資本主義によってもたらされた生産力の発展と生産の社会化を基礎としながら、資本主義のゆえに生じる諸矛盾を解決するのが社会主義だとしたら、資本主義論と社会主義論は表裏一体である。私は教員として大学でマルクス経済学原論を教えるようになってから、自らの講義の中で社会主義について言及するよう心がけ、資本主義の肯定面と否定面の両方から社会主義につなげる工夫をした。

否定面からの例としては、絶対的剰余価値における労働時間の延長について、社会主義では労働時間を必要最小限に抑え、自由時間を増大させて自己実現のために活用できることを説く。資本主義の否定面の裏返しが社会主義で実現されるという論理である。肯定面からの例としては、株式会社によって生産の社会化が基本的に達成されており、しかも情報化とグローバル化によって国家に匹敵する規模の生産・消費が計画経済によって運営され、その中での労働者の連帯も進展していることを説く。これは資本主義の中に社会主義の萌芽が存在するという論理である。

このように私は、資本主義論を社会主義論と結合させるよう心がけている。日本で社会主義がタブー視されるようになった原因の一つには、資本主義論と社会主義論が表裏一体であるという了解がほとんどなかったことも数えられる。そこで拙著はこの了解に基づいて、今日の資本主義における生産力の発展と生産の社会化が、現時点での社会主義への移行を可能にしていることを強調したのである。

五　誤解を解く

芦田氏が拙著に対して詳細に講評してくださったことはとてもありがたいのだが、残念ながらいくつかの点で重大な誤解をされている。

第一は、一九八〇年代からの新自由主義の時期を一九六〇年代の福祉国家の時期と比べたときに、新自由主義の時期を後退とみるかどうかという問題である。芦田氏は次のように述べている。「戦後の資本主義の発展段階が、一九六〇年代の『高度成長』と『福祉国家』の時期（①段階と略記）、八〇年代頃からの『新自由主義』の時期（②段階）に区分されて論じられていくのであるが、社会主義への展望との関連においては、もっぱら①段階の達成（福祉諸『制度』の増大）が中心に語られ、その上でそれがもつ限界が先の「社会主義原理」（『共同主義』と自己実現）と照らし合わされて、さらなる飛躍の必要が説かれていく、という位置づけになっている。②段階は、その諸『制度』の『後退』であり、その『要素』『部分』の減少に過ぎないとされるからであろう。これに対して私は、②段階の客観的な構造自体の矛盾のなかに次への新たな変革契機が求められるべきであり、そのことに『アソシエーション』形成の内実と位置づけの質的変化をめぐる問題が関わってくる、と考えるのである。

本書（まとまっては、一九四～二〇〇頁）でも、両段階の変化をもたらした要因が、高度成長から低成長・ゼロ成長への経済過程を基盤にして、『国家の役割』の変化、『グローバル化』、さらに『情報化』が挙げられる。しかし、それらは①段階から社会主義原理への飛躍にとってネガティブなものとしての分析だけであり、②段階の矛盾がはらむポジティブな変革契機としての内容ではない」（芦田二〇二四、三九―四〇）。このように松井（二〇二三B）は新自由主義段階を社会主義への移行にとって「後退」であり、「ネガティブなもの」としてしか捉えていないと、芦田氏は解釈する。

まず②段階が、福祉国家が達成した社会主義的制度を後退させたことは、私のみならず社会科学者が共有する見解である。芦田氏自身もこのことは認めている。「『新自由主義』の下で、一方からは、従来の国家による『マクロ経済的調整』制度の弱体化と解体が引き起こされ、他方では、未曾有の格差と貧困など、これまで獲得されてきた社会的保護制度（『福祉国家』）の衰退と解体がもたらされていく」（芦田二〇二三、二四）。

だが私は拙著の第一〇章で社会民主主義による福祉国家が社会主義的制度を実現したことを認めるにとどまらず、第一一章で新自由主義が支配的となる八〇年代以降の最新の現象が、共産主義社会への移行を準備するポジティブな性格を有することを強調している。

しかも重要なことに、福祉国家への回帰が不可能であるという私の強調点を芦田氏は看過している。[12] 同氏には拙著が「積極的には従来型の『所得の再分配と税・財政制度』の軸だけの言及に終わっているように見える」らしい（芦田二〇二四、四三）。しかし松井（二〇二三B）は、第一〇章の最後に「福祉国家の限界と社会主義」という項目を立て、「新自由主義への対案として福祉国家を提示することは一時的には必要だとしても、私たちはそれを永続的な体制として位置づけることはできないのです」（二〇〇）と明言している。

私が福祉国家の継続を期待しているならば、福祉国家の危機は社会主義そのものにとって後退であるという解釈を拙著から引き出すこともできよう。しかし私は、新自由主義による福祉国家への攻撃が社会主義的制度を後退させたとは認識しているが、福祉国家の枠組みの中でこれらの制度を復活させればそれで十分だと論じているわけではない。むしろ資本主義に基づく福祉国家の永続化が不可能なことは、われわれがそれを乗り越えて社会主義へと踏み出さなければならないことを意味しており、その意味ではポジティブに捉えるべきであると私は主張している。

第二は、協同組合の増減をどう捉えるかである。芦田氏は次のように述べている。「その展開も、労働者協同組合や消費協同組合のような所有＝労働が結合した制度が構成部分としてどれほど数が『増減』するか、あるいは場が『広狭』するか、だけの問題になってしまう」（芦田二〇二四、四二―四三）。芦田氏は、拙著が社会主義の課題を協同組合のような制度が増減するか否かだけに限定していると、判定する。

たしかに拙著では、次のように述べている。「資本主義社会の中において共産主義社会に接近しようとするならば、まずは社会主義的な制度を徐々に増やしていくことが必要です」（松井二〇二三B、一六）。しかし次のようにも断っている。「ただし、協同組合の数や規模が増えることは、共産主義社会にとって必要条件ではあっても十分条件ではありません」（一八一）。共産主義社会を実現するためには、協同組合の増加が社会全体での生産手段の社会的所有と結びつかねばならない。このように協同組合の増減の問題だけではないことを、私は強調している。

第三は、アソシエーションをどの次元で論じるかである。同氏は次のように述べている。「なによりも『アソシエーション』が企業を単位とする枠組みでしか論じられていないことである。先にも検討しておいたように、『労働』の社会化と『生産手段』の共同化が分析的に区分され、『アソシエーション』は企業内のメンバーの協業労働の形態とだけ結びつけられ、その『自己実現』『自主管理』として現実化されていく、とされていた（五六頁）」（芦田二〇二四、四二）。拙著ではアソシエーションが企業を単位とする枠組みでしか論じられていないと、芦田氏は断定する。

芦田氏自身の積極的な議論は次のとおりである。「企業の枠組みを超えた社会関係（先の『社会的包摂』）の展開である」。株式会社の「影響を被る多様な『ステイクホルダー（利害関係者）』（労働者、消費・生活者、市民、地域住民、あるいは取引調達業者、…）の監視や規制、社会的制御を加えていこうとする」（四一—四二）。

この論点について、拙著の「生産手段の社会的所有」では、次のように述べている。「会社経営において、株主・経営者に限らず、そこで働く労働者や顧客としての市民など、あらゆる利害関係者をステークホルダーといいます。社会主義は、こうした大企業をステークホルダーによる管理・運営下におくことによって、人々が相互に協力し信頼しあえるような社会をめざすことともいえます」（松井二〇二三B、一二）。このように私は、生産手段の社会的所有をステークホルダーによる民主的管理・運営と規定している。

芦田氏が言及した拙著の五六頁は労働に応じた分配がテーマなので、労働者が集団的に所有する生産協同組合において、共産主義社会の低次段階では労働に応じた分配が適用されると述べている。たしかに私はアソシエーションの中核をなすのは生産協同組合だと考えるが、だからといってアソシエーションの外延が生産協同組合に限定されるべきだとは一言も述べていない。

拙著の第一章では、社会主義とはそもそも人々が社交しコミュニケートする社会であることを強調したうえで、それを可能にする経済的仕組みとして生産手段の社会的所有に言及している。また第一〇、一一章では、生産にとどまらない消費、福祉、医療、教育などに関わるアソシエーションについて述べている。拙著ではアソシエーションを企業の枠組みのみで論じているわけではない。

　第四は、拙著と二〇世紀型社会主義の関係である。芦田氏は次のように述べている。「結局は、『二〇世紀型社会主義』の枠組みを超えないものとなって、『市民社会』的基盤（「生活世界」「生活過程」）と連動した構造全体の民主主義的変革の課題には応えきれないものとなるのではないか」（芦田二〇二四、四三）[13]。このように拙著の議論は「『二〇世紀型社会主義』の枠組みを超えないもの」と評定されている。

　文脈から察すると、同氏のいう「二〇世紀型社会主義」とは、民主的変革の対象が企業における所有と運営に限定され、生活過程を含む市民社会的基盤が除外された社会主義を指すようである。まずこのような「二〇世紀型社会主義」の定義に大きな問題がある。ソ連型社会体制が失敗した根本原因は、民主化の対象が企業の次元に限定されて生活の次元が除外されていたことではない。そもそもソ連型社会体制では企業の次元でさえ民主主義が存在しなかった。

　通常「二〇世紀型社会主義」と呼ばれるソ連型社会体制の最大の特徴は、権威主義的国家と指令的統制経済にあり、それが失敗の根本原因である。松井（二〇二三B）の第七章「『社会主義』を自称した国々」で、ソ連型社会体制は「とうてい社会主義とは見なせない」と、私は断言している（一〇九）。拙著を読まずに芦田氏の書評だけをご覧になった方が、私がソ連型社会体制を支持していると勘違いされないことを願う。

六　結びにかえて

　以上、芦田氏の著作を踏まえつつ、拙著への書評に対する応答を試みてきた。同氏による丁寧なコメントに対して、私のリプライの語調は強すぎたかもしれない。しかし拙著の内容を本誌の読者に正確に伝えるためには、率直に私の見解を述べざるをえなかった。芦田氏にはこの事情を斟酌してご容赦いただきたい。同氏からは学生の時からその著作を通じて多くのことを学んできた。このたび貴重なコメントをいただいたことに、心より感謝している。今後も生産的な論争を通じて、ポスト新自由主義としての社会主義がどうあるべきかを探究していきたい。

＊本研究はJSPS科研費21K01315の助成を受けたものである。

注

（1）松井（二〇二〇）を参照。この論稿は本年刊行予定の松井（二〇二四B）に収録される。

（2）新しい計画経済論の動向については、松井（二〇二三A、二〇二四A）を参照。

（3）田端（二〇一〇）を参照。

（4）ここでの記述だけでは分かりにくいかもしれないが、詳述する紙面の余裕がない。松井（二〇一二）を参照いただきたい。

（5）芦田（二〇二四）は松井（二〇二三B）が「『分析的マルクス主義』の方法」を適用しているかのように描写する（三八）。だが松井（二〇一二）は分析的マルクス主義の到達と限界の両方を指摘している（三八一―八二）。私は決して「『分析的マルクス主義』の方法」に執着しているわけではない。

（6）残念ながら日本のマルクス学派では、自由主義左派と社会主義派の路線が異なる事実さえ認識されていない。

（7）拙著は「退行」という言葉を用いていない。

（8）Hilferding(1924) を参照。

（9）現在執筆中の『資本主義の常識を覆す』（松井二〇二五）では、資本主義の否定面を掘り下げている。

（10）大谷（二〇一一）は、現代資本主義の中にこそ社会主義の萌芽が存在することを強調する。しかし同氏によるマルクス経済学原論の教科書である大谷（二〇〇一）では、『資本論』の叙述に忠実であるがゆえか、社会主義との関連づけは、序章「労働を基礎とする社会把握と経済学の課題」第三節「生産様式とその交替」と、第一〇章「資本の本源的蓄積」第二節「資本主義的生産の歴史的位置」でふれられているのみである。

（11）例えば、さくら原論研究会編（二〇一九）を参照。

（12）二〇二三年一二月の例会を欠席されたある本会会員が、福祉国家の永続化は不可能であるという拙著の主張に反対するご意見を下さった。私とは見解を異にするが、拙著の主張を的確に理解してくださっていた。

（13）私は芦田（一九七六）による平田（一九六九）の市民社会派社会主義への批判を支持する。市民社会派は自らが自由主義左派であるにもかかわらず、社会主義派であると思い込んでいた。ところが芦田（二〇二一）は市民社会を積極的に評価する。市民社会をめぐる芦田（一九七六）と芦田（二〇二一）の関係について、私は整合的に理解できなかった。

文献

Hilferding, Rudolf. 1924. "Probleme der Zeit." *Die Gesellschaft* 1(1):1-17.「現代の諸問題」倉田稔・上条勇編訳『現代資本主義論』新評論、一九八三、六四―八二

芦田文夫 一九七六『社会主義的所有と価値論』青木書店

――編 一九八七『現代の社会主義』学習の友社

——一九九九『ロシア体制転換と経済学—文明史における市場化』法律文化社
——二〇二一『「資本」に対抗する民主主義—市場経済の制御とアソシエーション』本の泉社
——二〇二三「「資本」に対抗する民主主義—市場経済の制御に関わって」経済理論学会『季刊 経済理論』五九(四):二〇—三二
——二〇二四「松井暁『ここにある社会主義』について」関西唯物論研究会『唯物論と現代』六九:一—一一
大谷禎之介 二〇〇一『図説 社会経済学:資本主義とはどのような社会システムか』桜井書店
——二〇一一『マルクスのアソシエーション論:未来社会は資本主義のなかに見えている』桜井書店
さくら原論研究会編 二〇一九『これからの経済原論』ぱる出版
田端博邦 二〇一〇『幸せになる資本主義』朝日新聞出版
長砂實・芦田文夫編 一九八一『ソ連社会主義論—現状と課題』大月書店
平田清明 一九六九『市民社会と社会主義』岩波書店
松井暁 二〇一二『自由主義と社会主義の規範理論:価値理念のマルクス的分析』大月書店
——二〇二〇「社会民主主義の再生とマルクス主義」『専修経済学論集』五五(二):一—一七
——二〇二三A「コックショットとコットレルのサイバネティック計画経済論」『専修経済学論集』五七(三):九五—一一二
——二〇二三B『ここにある社会主義:今日から始めるコミュニズム入門』大月書店
——二〇二四A「アルバートとハーネルの参加型計画経済論」『専修経済学論集』五八(三):一二五—四六
——二〇二四B『社会民主主義と社会主義』専修大学出版局
——二〇二五『資本主義の常識を覆す』(刊行予定)

(まつい さとし・専修大学教員・社会経済学)

特集2　ここにある社会主義

松井暁『ここにある社会主義——今日から始めるコミュニズム』を読んで

太田弘司

私は、著者の前著『自由主義と社会主義の規範理論——価値理念のマルクス的分析』（大月書店、二〇一二年）を読み、衝撃を受けました。ここでの著者の主張は、「社会主義は自由主義を否定することのみから可能になるのではない。それは自由主義のもたらした積極的成果を継承し、それをさらに将来にわたって拡張していこうとする思想であり運動である。この意味で社会主義は、自由主義の発展としての社会主義として特徴づけられる」（五頁）、「社会主義は、自由主義とはまったく異質なわけでも敵対する関係にあるわけでもなく、むしろ自由主義の発展として必然的に登場してきた思想である。社会主義は、現実から乖離した夢物語ではなく、今後いっそうコミュニティとしての性格を濃くする人類社会にとって、ますます必要となる基本原理なのである」（四四三頁）ということです。

自由主義の発展として社会主義を把握する著者の主張に、驚き、感動さえしました。

『ここにある社会主義——今日から始めるコミュニズム』は、前著の内容を歴史研究、現状分析、将来への展望を交えて分かりやすく叙述されています。

著者は、『ここにある社会主義』の「まえがき」のなかで、「本書の目的は、社会主義の意義を根本に立ち返って再考し、今日におけるその可能性を探究することにあります」（ⅳ頁）と述べられています。この目的を果たすために三つの論点が挙げられます。

第一は、「社会主義イコールソ連・中国」という固定観念を払拭すること。

第二は、社会主義が私たちにとって、……どこにでもある身近なものだということ。

この点では、英語の副題"SOCIALISM IS EVERYWHERE"がより分かりやすい説明になっています。

第三は、「社会主義は今日における経済の発展段階に適した新しい社会システムを構築する、最先端の運動だ」ということ。

そして、「二〇二〇年代の現在、共産主義社会への移行を追求する社会主義の可能性はますます高まっています」(vi)と、「まえがき」の後尾で述べられています。

以下では、本書で私が特に注目した著者の主張について述べることにします。

本文の第1章は「ここにある社会主義」です。

ある調査会社が二〇一八年に「現在、社会主義の理念は社会進歩にとって大きな価値をもつか」というアンケートを示しています。「そう思う」と答えた割合は、スウェーデンが五一%、イギリス四九%、ドイツ四五%、アメリカ三九%、フランス三一%、日本二一%となっています。二〇二〇年に実施された別の調査では、アメリカのZ世代(一九九七年〜二〇一二年生まれ)の若者の四九%が「社会主義に好意的」と回答しています。日本のZ世代の数字はありません。しかし、近年、大学付近で行われているフードバンク等での大学生や青年の反応を見ると、日本の青年の社会主義への考えもアメリカのZ世代の考え方に近づいているのではと推測します。

グレーバーによれば、「あらゆる社会システムは、資本主義のような経済システムでさえ、現に存在するコミュニズムの基盤のうえに築かれているのだ」(七頁)とされます。グレーバーによれば、「基盤的コミュニズム」とは「各人はその能力に応じて〔貢献し〕、各人はその必要に応じて〔与えられる〕という原理にもとづいて機能するあらゆる人間関係」であり、それは、市場経済や資本主義を含むあらゆる社会システムの基盤に存在するとされます。松井暁氏は、コミュニズムの実現のためには「生産手段の社会的所有が不可欠だ」という点で、「私はマルクスの史的唯物論を支持していますが、コミュニズムがあらゆる社会の基盤にあるという主張については同感です」(八頁)と述べられています。

また、「生産手段の所有は、人類七〇〇万年の歴史において、そのほとんどをしめるくらい普遍的でした。……つまり原始時代は社会主義が基本だったのです。ところが原始時代の終わりごろに、生産手段の独り占めにした階級が、それを奪われた民衆を搾取する階級社会が登場します。そして奴隷制社会、封建制社会、現代の資本主義社会へと至るのです」（一〇～一一頁）と記されています。

私は松井氏の主張に共感しますが、階級社会にもある基盤としてのコミュニズムとは何かという点で、もう少し詳しい記述が欲しかったと思います。

第2章は「社会主義を捉える視角」です。

著者の観点は、「思想・運動・体制」の三点に加えて、「制度」と「方向」が導入されます。「制度」は運動と体制の中間に位置します。資本主義社会の中でも社会主義的な性格を持った制度を実現することは可能であると指摘されています。例としては労働基準法です。

「方向」については、社会主義的制度が存在しているとしても、社会主義への方向を堅持している場合にのみ、社会主義的な運動と呼べると指摘されます。

著者が社会主義を捉える視角として「制度」と「方向」を導入されたのは、卓見であると考えます。

「ここにある社会主義」という観点からすれば、制度としての社会主義は特に重要です。「特にスウェーデンのような北欧福祉国家では、労働者階級の経営参加や社会保障の面で、高度に社会主義的な制度が定着しています」（二〇頁）と記述されています。さらに「制度としての社会主義という観点は、現時点で社会主義の広がりを理解するうえで大いに有効なのです」（二一頁）と結論づけておられます。

「方向」としての社会主義という観点からの著者の分析はどのようなものでしょうか。ベーシック・インカムという制度が、「共同関係の中での自己実現という社会主義の理念に近づくための制度であれば、方向としての社会主義という基準をクリアします」（二二頁）と断定されます。明解な首肯できる分析です。

第3章は「自由主義と社会主義」です。この章が、著者の議論の中心ではないかと考えます。

著者の議論の筋道は次のようなものです。「自由主義は、個人の自由を維持するために私的所有を、そして私的所有を確保するために権利＝正義をも必須の原理として取り込みます」。「私有財産制によって個人の自由を確立しようとする自由主義は、それだけでは『万人の万人に対する闘争』に陥ってしまいます」。「そこで自由主義者たちは、大多数の弱者にも等しく人間の基本的権利、すなわち人権を保障することを提案しました。弱者の人権を保障するというのは、まさに社会主義の要求に他なりません。つまり自由主義は、その成立の時点ですでに社会主義を取り込んでいたのです」（三三頁）。「自由主義は、私有財産制による個人の自由から出発しながら、……まず、権利の概念を、その次には平等の概念を自由主義の中に取り入れたのです」（三四頁）。

自由主義において、個人が自由に行動してよいのは、他人に危害を加えない限りにおいてであるとされる「他者危害原理」も、他者の幸福を考慮している点で、「社会主義に接近しています」（三五頁）と断定されます。

著者の結論は、「自由主義は社会主義の支えがあって初めて存続可能なのです。ですから、自由主義の中にもすでに、社会主義は『ここにある』のです」（三五頁）。

第6章は「人類史から見た社会主義」です。

著者は、社会的動物としての人間を、生物進化と人類史の観点から考察します。ボウルズとギンタスは、「人間が他の動物とは異なる『協力する種』であり、純粋に他者に利益を与えようとする『社会的選好』を、遺伝と文化の両面を通じて獲得してきた」（九六頁）と主張しています。

人間が協力する種であることは、人間にとって協力が本質をなすことを意味しています。協力は社会主義的な特徴です。社会主義は、人類誕生当初から、「そこにあった」と主張されています。

農業共同体では土地のような生産手段は私有化されます。灌漑用水や入会地のような共有地は、共同で所有・管理されていました。これらを「コモンズ（共有地）」と呼びます。現代にあっても地域住民の手で維持されているコモンズはあります。

共有地については、それは必然的に荒廃するという、ハーディンの「共有地の悲劇」が有名です。しかし、アメリカの政治経済学者エリノア・オストロムは『コモンズのガバナンス』で、実際の共有地を調査し、共有地の利用者についての境界、使用量に関する規則、民主主義的な規則の決定などが存在することで、共同体が共有財産を管理する形態があることを証明しました。

農業共同体における共有地の存続を理論的に解明したオストロムの研究は、生産手段の共有という社会主義経済の仕組みが「ここにある」ことを示していると著者は指摘しています。

第7章は「社会主義」を自称した国々についてです。この章で著者は、これまで「社会主義」を自称していた（いる）ソ連や中国を社会主義とみなせないことを明確に指摘します。

自称「社会主義」の国の代表であるソ連が、「ソ連体制」と規定されます。ソ連では、生産手段は国家所有であり、党・国家官僚が実質的な支配階級でした。企業は「企業長単独責任体制」で管理され、現場の労働者は、実質的には生産手段の所有者ではありませんでした。

ソ連では、共同体ではなく国家が体制原理となり、党が指導する国家が政治・経済を管理しました。ソ連は社会主義ではなかったと断定されます。

中国の場合は、改革開放後に資本主義化が進み、党幹部と国家官僚と資本家が広義の資本家階級を形成し、「労働者・市民による社会的所有は存在していません」（一一四頁）。

改革開放以後の中国は経済が資本主義経済であり、市場と国家が体制原理であり、共産党一党独裁国家です。中国は、「社会主義とは無縁の国家資本主義です」（一一五頁）と結論づけられます。

今日における社会主義の可能性を探究するにあたり、ソ連と中国が社会主義でないことを明確に認識することは、今後の実践にとっても必要であり、議論の前提となります。

「あとがき」では、著者は絵本『ぐりとぐら』をあげて、「絵本の世界は社会主義だなあ」（二三五頁）と書いています。絵本の主人公は、料理をつくり、その料理をみんなに食べてもらうことが大好きです。「各人はその能力に応じて」そのものです。その料理をぞうさんはたくさん食べ、小鳥さんたちはちょっとだけ食べます。これは、「各人はその必要に応じて」です。これは共産主義の描写です。

社会主義・共産主義の定義については、諸説がありますが、比喩は説得力があります。

人間は、子どものときは『ぐりとぐら』の世界に生きています。

私ももう一度『ぐりとぐら』を読み返してみました。「子どもは誰もが社会主義です。社会主義は、（中略）身近なものです」（同）と著者は述べておられます。私も同感です。

「ここにある社会主義――SOCIALISM IS EVERYWHERE」にまことにふさわしい「あとがき」です。

（おおた ひろし・元大阪府立高校教員・アメリカ史）

論文

「特別の教科 道徳」の反憲法的性質、及び今後の課題

――生活認識を高め、社会の進歩と結ぶ道徳教育を――

安井 勝

一 論考の目的

小・中学校では、「特別の教科 道徳」の教科書が使用されていて、児童生徒には〝正しい行いとより良い生き方を学ぶ〟ための教科書である。学習指導要領は、「特別の教科 道徳」を国語、社会、数学等々の次に配しているので、諸教科の後で〝特別〟に設けた教科と（一般的に）解釈されている。教育現場の「道徳科授業研究」では、その学習内容項目を〈如何に教えるか〉、児童生徒が〈如何に学ぶ〉かの指導法研究が盛んに進められている。

第二次安倍内閣が設置した首相直属の教育再生実行会議（二〇一三）が、「いじめ防止対策推進法」制定と道徳の教科化を公言したことから急展開が始まった。二〇一三年四月、「道徳教育の充実に関する懇談会」が設置され、この有識者会議に育鵬社教科書を作成していた日本教育再生機構運営委員の貝塚茂樹・武蔵野大学教授など道徳教科化推進論者が多く入り、同懇談会は「道徳の教科化が必要」だという報告（二〇一三／一二）を出した[1]。それを受けて、中央教育審議会（中教審）は道徳を「特別の教科 道徳」として正規の教科に格上げする必要があると答申（二〇一四／一〇）した。さらに急ピッチで、二〇一五年三月二七日、文科省は（急遽、年度末を狙って）学習指導要領の一部改訂を急ぎ、「特別の教科 道徳」（以下、道徳科）を告示した。道徳科は二〇一八年度から小学校、二〇一九年度から中学校で道徳科が全面実施された。

このような道徳教育の急変と道徳科の設置に対して、教育研究者が戦前の「修身」の復活、「教育勅語の復活」と批判してきたし、教育関係者は実施段階での教科書会社内容の批判を進めてきたが、学校教育の現場や道徳教育研究領域に深く浸透したとは言い難い。むしろ、道徳科を要とする道徳教育が教育活動全体に広く浸透している様相である。

道徳科が時間割の一コマに位置づいているかぎり、子どもの学習権と国民の教育権に沿った道徳教育の充実に向けた研究と実践が要請されている。本小論は、その要請を念頭に置きながら、（1）学習指導要領が示す道徳教育の目的、（2）学校教育全体に及ぶ道徳教育の法的構造、（3）道徳科の学習内容についての個別的検討、（4）道徳科の根本的問題、（5）子どもが考え育む道徳的認識力の要件を考察していくことにする。

二 道徳教育の目的 ―日本人の育成―

改正教育基本法においても、第一条（教育の目的）は「教育は、人格の完成をめざし、平和的な国家及び社会の形成者として、…中略… 心身ともに健康な国民の育成を期して行われなければならない」とあるように、教育は人格の完成をめざしている。

ところで、学習指導要領 総則 第一に「学校における道徳教育は、…略…を図るとともに、民主的な社会の発展及び国家の発展に努め、他国を尊重し、国際社会の平和と発展や環境の保全に貢献し未来を拓く日本人を育成するため、その基盤としての道徳性を養うことを目標とする」とある。この一文から読み取ると、諸々の道徳的価値を基礎とする道徳性を涵養することによって、未来を拓く〈日本人を育成するため〉が道徳教育の最終目的に置かれている。

道徳教育の目的に関して、戦後の学習指導要領を逐一調べると、この日本人としての自覚を最終目的とする道徳教育の方針は、一九五八年告示（最初の学習指導要領）から継続して明記されていた。学習指導要領解説（一九九九）からは、より良く生きるための基盤となる道徳性の育成が道徳教育の目標とされていた。その意味合いからすると、実践的態度を含めたより良く生きる日本人の育成に最終的価値が置かれている。

一九五八年以降、全ての学習指導要領に挙げる〈日本人としての自覚〉は、子どもに〈日本人〉を意識化させ、個人としての主体を抽象的な主体（〈日本人〉）へと転じさせていき、子どもの道徳的価値判断や行動の際に、〈日本人としての自覚〉という価値基準や行動規準を持たせる。学習指導要領（公教育）は、この文言を握って離さない。道徳教育は、当初からナショナリズムの影響下にあった。[2]

三　改正教育基本法と道徳教育

改正教育基本法 第一条（教育の目的）は、「教育は、人格の完成をめざし、平和で民主的な国家及び社会の形成者として必要な資質を備えた心身ともに健康な国民の育成を期して行われなければならない」である。

それを受けた第二条（教育の目標）は、「教育は、その目的を実現するため、学問の自由を尊重しつつ、次に掲げる目標を達成するよう行われるものとする」として、一項から五項まで明示されている。

第一項　幅広い知識と教養を身に付け、真理を求める態度を養い、豊かな情操と道徳心を培うとともに、健やかな身体を養うこと。（①）…以下、筆者の表記

第二項　個人の価値を尊重して、その能力を伸ばし創造性を培い、自主及び自律の精神を養うとともに職業及び生活との関連を重視し勤労を重んずる態度を養うこと。（②）

第三項　正義と責任、男女の平等、自他の敬愛と協力を重んずるとともに、公共の精神に基づき、主体的に社会の形成に参画し、その発展に寄与する態度を養うこと。（③）

第四項　生命を尊び、自然を大切にし、環境の保全に寄与する態度を養うこと。（④）

第五項　伝統と文化を尊重し、それらをはぐくんできた我が国と郷土を愛するとともに、他国を尊重し、国際社会の平和と発展に寄与する態度を養うこと。（⑤）

そこで、第二条の各項と道徳教育の要とする道徳科の内容との対応関係について検討してみる。そのために、第一項を→①、同じく第二項を→②、第三項を→③、第四項を→④、第五項を→⑤とする。第一項は国家及び社会の形成者（国民）として必要な資質を備えるべき人格像を提示している。即ち、知識と教養、真理を求める態度《知》と、豊かな情操と道徳心《徳》を備えた健やかな身体《体》の人格像である（①）。そして、第二項から第五項に、国家・社会の一員として備えるべき諸資質が項目化されている。

一方、道徳科の学習内容を中学校学習指導要領 第三章特別の教科 道徳から導くと、A 主として自分自身に関すること、B 主として人との関わりに関すること、C 主として集団や社会との関わりに関すること、D 主として生命や自然、崇高なものとの関わりに関することが示されている（拙著『明日の道徳教育』文理閣、二〇二三年、第一章、第三章に内容項目の詳細を掲載）。

これら二つの相関性を検討してみると、概ね、第二項②を〈A 主として自分自身に関すること〉の道徳性領域が、第三項③を〈B 主として人との関わりに関すること〉が、第四項④を〈D 主として生命や自然、崇高なものとの関わりに関すること〉が引き受けている。そして、〈C 主として集団や社会との関わりに関すること〉は第五項⑤、及び第二項②第三項③にわたって関連性を有している。

合わせて、第一項に「態度を養い」を加え、第二項、第三項、第四項、第五項の末尾は「態度を養うこと。」で結び、敢えて道徳教育との関連を明示している。

即ち、第二条の全体が道徳科の学習内容（A～D）のもとで道徳的構造化を果たしている。学校教育の道徳化、あるいは道徳主義教育と称してよい。これら一連の関連を総合すると、教育基本法 第一条で国家及び社会の形成者としての人格と資質を育成すると提示し、第二条の道徳化によって学校教育全体に道徳主義教育を敷く。そして、道徳科を通じて（日本人として）より良く生きる精神を教化していこうとしている。

第一次安倍内閣で教育基本法を改悪し、第二次安倍内閣で道徳科を盛り込んだ安倍晋三は、その途次で一連の意図を以下のように述べていた。

「新しい教育基本法は、安倍政権で約六〇年ぶりに改正したのですが、その第一の（教育の）目標には、我が国の国民の育成につとめるとともに、『道徳心』を育むことを書き込みました。法改正の『一丁目一番地』には、道徳教育の充実が掲げられています」（日本教育再生機構機関誌『教育再生』二〇一二年三月）。

道徳科（「特別な教科 道徳」）は、第二条の各項に直接の根拠法を持っている。この点で、他の学習教科との違いがある。明治憲法下の修身科は、改正教育令（一八八〇）によって小学校教科の筆頭科目に位置づけられた。それに倣って、「特別の教科 道徳」の「特別」とは、他の諸教科を越えた〝特別〟の「優れた」教科というのが本意である。

四　現行学習指導要領に至る道徳教育指導内容の変遷

【学習指導要領に示す徳目の変遷】

一九五八年、文部省は小中学校学習指導要領を告示し、「道徳の時間」を設けたことにより戦後の道徳教育が開始した。それ以降、二〇一七年までに五回の学習指導要領告示（二〇一五年の一部改正を除く）が行われた。その間に、教育基本法改正（二〇〇六）があり、二〇一五年学習指導要領一部改正により、「特別の教科 道徳」が教育課程に編成された。

五回の学習指導要領における道徳の指導内容の推移を列記することによって、道徳指導における個々の内容項目（それは徳目でもある）がどのような変化してきたかを個々の内容項目に照らして調べると、学習指導要領が求める道徳教育の意図が明らかになると考える。

そこで、義務教育課程修了年である中学校学習指導要領道徳の内、［道徳の内容］を分析の対象にする。五回の学習指導要領を調べると、一九七七年は詰め込み教育反省を伴って一九五八年の内容を整理したものとなっている。また、一九八九年には〈心の教育〉が提起され、現行の道徳四視点（領域）が提示された時期となっている。総じて、一九五八年の再構成が一九七七年、一九八九年の完結が二〇一七年と概括できる。従って、一九五八年と二〇一七年の間に一九七七年と一九八九年を取り入れて変化を見ることにする。

上記四つの学習指導要領に提示された道徳指導の内容の経年的変遷を整理するために、二〇一七年 中学校学習指導要領 道徳科の［第二 内容］に示す二二項目の内、七項目を抽出して、それらに適合する内容項目を一九五八年まで辿って調べていった（表1）。

【内容項目（七事項）の個別的分析】

以下に、それぞれの内容項目（七事項）を経年的な変遷を分析した。

（5）真理の探究、創造

（a）（b）（c）の〈真理を愛し〉は、旧教育基本法第一条（教育の目的）〈教育は人格の完成をめざし、平和的な国家及び社会の形成者として、真理と正義を愛し、…〉を反映したものである。それとは対照的に、（d）の〈真理を探究して〉は、改正教育基本法第二条（教育の目標）の

（一）〈幅広い知識と教養を身に付け、真理を求める態度を養い、…〉を反映している。

（a）（b）（c）では真理を愛し、そのもとで誠実に自己の人生を切り開き理想の実現を目指そうとしていた。（d）に至っては、愛する対象から真理が外れたことになる。そして、科学技術の振興のもとで新しいものを生み出す（ための）真理へと転換した。即ち、人間が真理・真実を求め、それを糧として理想に向かって生きようとする人格的意味が消えた。

（9）相互理解、寛容

（a）は、建設的批判としての自己主張は相手の立場に立って行い、自らのあやまちや失敗を正すという他者との相互性を想定した内容となっている。（b）（c）は、他者の考えや立場を受け入れることに重点が置かれ、そのための謙虚さと、広い心を求めている。（d）では、寛容の心が加わった。両者が謙虚に向き合い、そこで創造的な会話（意味）を生みだすよりも、それぞれの個性や立場を尊重し、それによって寛容の心を育むことを目的化しているようだ。

（10）遵法精神、公徳心

（a）は、（i）権利を正しく主張する、（ii）義務を確実に果たす、（iii）少数者の意見を尊重する、（iv）平和的、合理的方法で、（v）よりよい社会をつくることを呼びかける。（b）は、権利を理解し、（c）では、自他の権利を重んじ、（d）では、自他の権利を大切にするようにと求めている。（a）から（d）へと、徐々に権利を制約しているのが解る。他方で、社会とのかかわりに関して、（a）は、理想の社会の実現に向かって、理性的、平和的な態度を望んでいる。（b）は社会の規律を高めていく、（c）は公徳心をもって社会の秩序と規律を高めていく、（d）では法やきまりを進んで守り、規律ある安定した社会の実現に努めるとして、社会秩序と規律ある社会を目指しているのが解る。

（11）公正、公平、社会正義

（a）は、自由と平等のもとに人格を据え、実質的な公正と公平を目指そうとする。そして、自他の間に尊敬の念を示そうと呼びかける。続く（b）は、福祉と連帯の自覚をもって理想社会の実現に尽くすとしている。（c）（d）では、個人の見方・考え方に焦点を移して、周りの他者に対して公正、公平に接し、差別と偏見のない社会を目指すという意味での公正、公平、正義を重んじる。そこには、生活現実の中での社会的公平の指標を変更して、〈差別や

表1　学習指導要領に示す内容項目（七事項）の変遷

年度別内容／内容項目	（a）一九五八年中学校道徳編の指導内容	（b）一九七七年中学校道徳の指導内容	（c）一九八九年中学校道徳の指導内容	（d）二〇一七年中学校道徳の指導内容
（5）真理の探究、創造【二〇一七年中学校道徳より】	常に真理を愛し、理想に向かって進む誠実積極的な生活態度を築いていこう。	真理を愛し、真実を求め、理想の実現を目指して自己の人生を切り開いていく。	真理を愛し、真実を求め、理想の実現を目指して自己の人生を切り開いていくようにする。	真実を大切にし、真理を探究して新しいものを生み出そうと努めること。
（9）相互理解、寛容【二〇一七年中学校道徳より】	他人と意見が食い違う場合には、努めて相手の立場になってみて、建設的に批判する態度を築いていこう。あやまちは素直に認め、失敗にはくじけないようにしよう。また、他人の失敗や不幸には、努めて温かい励ましをおくろう。	自分と異なる考えや立場も尊重し、いろいろなものの見方や考え方があることを理解して、他に学ぶ広い心をもつ。	それぞれの個性や立場を尊重し、いろいろなものの見方や考え方があることを理解して、謙虚に他に学ぶ広い心をもつようにする。	自分の意見や考えを相手に伝えると共に、それぞれの個性や立場を尊重し、いろいろなものの見方や考え方があることを理解し、寛容の心をもって謙虚に他に学び、自らを高めていくこと。
（10）遵法精神、公徳心【二〇一七年中学校道徳より】	正義を愛し、理想の社会の実現に向かって、理性的、平和的な態度で努力していこう。（内容解説：われわれは、制度や法の意義を理解し、公私の別を明らかにして、公共の福祉を重んじ、権利を正しく主張すると共に、義務も確実に果たして、少数者の意見をも尊重し、平和的、合理的方法で、よりよい社会をつくっていくことに力を合わせよう。）	法の精神と権利・義務の意義を理解し、社会の規律を高めていく。	法の精神を理解し、自他の権利を重んじ義務を確実に履行すると共に、公徳心をもって社会の秩序と規律を高めていくように努力する。	法やきまりの意義を理解し、それらを進んで守ると共に、そのよりよい在り方について考え、自他の権利を大切にし、義務を果たして、規律ある安定した社会の実現に努めること。

（11）公正、公平、社会正義【二〇一七年中学校道徳より】	すべての人格を尊敬して、自他の特性が、共に生かされるように努めよう。（内容解説：人格とは、人はその根本において、お互いに自由であり平等であるという自覚から生まれたことばである。）※	公私の別をわきまえ、公共の福祉を重んじ、社会連帯の自覚をもって理想の社会の実現に尽くす。	正義を重んじ、だれに対しても公正、公平にし、社会連帯の精神をもって差別や偏見のないよりよい社会の実現に尽くすように努める。	正義と公正さを重んじ、誰に対しても公平に接し、差別や偏見のない社会の実現に努めること。
（13）勤労【二〇一七年中学校道徳より】	お互いに信頼しあい、きまりや約束を守って、集団生活の向上に努めよう。（内容解説：また、各自が勤労の尊さを理解し、勤労を通じて集団生活の向上に努めよう。）	勤労の尊さを知ると共に、真の幸福を目指す充実した生き方を追求する。	勤労の尊さを理解すると共に、社会への奉仕の気持ちを深め、進んで公共の福祉と社会の発展のために尽くすように努める。	勤労の尊さや意義を理解し、将来の生き方について考えを深め、勤労を通じて社会に貢献すること。
（21）感動、畏敬の念【二〇一七年中学校道徳より】	・該当する項目がない。	自然を愛し、美しいものに感動し、崇高なものに素直にこたえる豊かな心をもつ。	自然を愛護し、美しいものに感動する豊かな心をもち、人間の力を超えたものに対する畏敬の念を深めるようにする。	美しいものや気高いものに感動する心をもち、人間の力を超えたものに対する畏敬の念を深めること。
（22）よりよく生きる喜び【二〇一七年中学校道徳より】	真の幸福は何であるかを考え、絶えずこれを求めていこう。	人間として生きることに喜びを見いだし、温かい人間愛の精神を深めていく。	人間には弱さや醜さもあるが、それを克服する強さや気高さがあることを信じて、人間として生きることに喜びを見いだすように努める。	人間には自らの弱さや醜さを克服する強さや気高く生きようとする心があることを理解し、人間として生きることに喜びを見いだすこと。

※ 厳密に見れば、公正、公平、社会正義に該当する内容事項は見当たらない。

［表1の構成についての説明］

・最上段の先頭に示す番号（5）（9）…（21）（22）、及び内容項目の表記は、『中学校学習指導要領（平成二九年告示）解説 道徳編』内、［第三章 道徳科の内容］に示す番号に準拠した。

・紙幅の制限もあり、内容項目の抽出にあたっては、道徳指導A～Dの四視点のうち、（5）は〈A 主として自分自身に関すること〉、（9）は〈B 主として人との関わりに関すること〉の最後に示された項目を挙げた。（10）（11）（13）は〈C 主として社会や集団との関わりに関すること〉九項目中の上段部三項目を、（21）（22）は〈D 主として生命や自然、崇高なものとの関わりに関すること〉の最後二項目とした。

・また、（a）（b）（c）の各学習指導要領の時期には内容項目事項名が示されておらず、そこで、二〇一七（平成二九）年の内容項目（徳目）を導きにして、（c）－（b）－（a）と該当する内容項目を遡及していった。

偏見の観念を排する〉という理念的公平に重点を置く社会が目指されている。

(13) 勤労

（a）での勤労は、学校生活における集団的行動や体験を基盤にして、そこに信頼や約束、集団生活の向上を意味づけて勤労の意義を説いている。（b）は、勤労の尊さを理解して幸福を追求しようとする。（c）は、勤労の尊さへの理解を通じて進んで社会への奉仕と公共の福祉、社会の発展に努め、（d）では勤労を通じて社会に貢献することが、勤労の尊さであるとしている。

生存権、幸福追求権としての勤労の権利／義務（憲法二七条）の意義が、その権利と義務の関係でこそ意義を持つ勤労の義務（概念）を逸脱して、社会奉仕と公共の福祉、社会貢献に資する勤労に意義を与え、憲法二七条の勤労の権利を消し去っている。

(21) 感動、畏敬の念

（a）には感動、畏敬の念に該当する内容項目がない。（b）（c）に示す〈自然を愛（護）し〉が、（d）では見当たらない。（b）の〈崇高なものに素直にこたえる〉が、（c）（d）の〈人間の力を超えたものに対する畏敬の念〉に収まった。

表1内の（d）に関して、中学校学習指導要領 道徳（二〇一七）の内容項目全体（二二項目）を調べてみた。すると、愛する対象が、(16) 郷土を愛し…、(17) 国を愛し…の二つに限定されている。一方、（c）までは「愛する」対象にしてきた〈真理を愛し…〉と、〈自然を愛（護）し…〉が、（d）では取り払われた。

(22) よりよく生きる喜び

（a）の幸福の追求や、（b）の人間愛の精神が消え、（c）（d）には、〈人間には弱さや醜さがある〉という人間性の裏面が示された。そして、人間として生きる喜びは、それらを克服していく強さや気高さを通じて見いだせるとしている。道徳的価値に相応しない裏面を自己内で対立させて、「自己を奮い立たせて」（『学習指導要領解説 特別の教科 道徳編』六九頁）高い次元に至ろうとする筋立ては弁証法的ではあるが、その際の内的葛藤を浄化できた喜び（高揚感）に止まらせてしまう。当事者が生活事実の認識、充実を見はなすことを容易にさせる。

【全体考察】

（a）の一九五八年「特設道徳」から、（d）の二〇一七年「道徳科」までに約六〇年が経過した。対比してみると、

（a）の時期には、「道徳の時間」設置や指導のあり方をめぐる問題が激しく論じられたものの、日本国憲法と旧教育基本法（一九四七）の理念を反映した内容を「…いこう」「…しよう」と、呼びかけ（啓発し）ている。他方、（d）は、上記七項目の文末は「…（する）こと」で統一し、その内容事項の指導を指示している（七項目を含む全二二項目について指示語で結んでいる）[3]。

その指示には、学問と真理の功利主義化、国民が持つ諸権利の制限と規制、公正・社会正義の内向化、勤労権の消失が認められる。これらを憲法的基準に照らすと、憲法が個人に認める基本的諸価値の歪曲を子どもと教師に迫っていると言える。教育研究者が道徳科を歴史修正主義の一環としての戦前の「修身」の復活、「教育勅語の復活」と批判してきた。だが、その矛先は日本国憲法に向かっている。ここに道徳科の国民的問題と課題が実在している。

表1の内容項目は（筆者が機械的に抽出した）七項目であるが、これらの分析結果からは、その他の一五項目についても、憲法的価値基準と照応して検討する必要性を示唆している。

さて、道徳の根本的要請は〈生き方〉である。二〇一七年の（d）においても内容項目の最後は、（22）［よりよく生きる喜び］を置いている。また、（d）の（21）（22）は、学習指導要領が示す道徳四視点（領域）内の［D 主として生命や自然、崇高なものとの関わりに関すること］の最後の二項目である。（22）の（c）（d）内に表された〈人間には弱さや醜さがある〉という非道徳的な人間の裏面を示すことで、（21）感動、畏敬の念の（c）（d）内に示された〈人間の力を超えたものへの畏敬の念〉が引き立ち、それへの美しく気高い価値を高めるというレトリックが駆使されている。

人間の〈弱さや醜さ〉を克服して成長していく姿は生活全体の或る場合の一契機としては成り立つ。その葛藤・克服の先に示される人智の及ばぬもの（対象）への畏敬の念は宗教的心情の領域であり、そこには崇高無限の大宇宙の懐で人間の小宇宙（いのち／精神／こころ）が〝生かされている〟と想起させる宗教的人生観がある。このような〈よりよく生きる喜び〉の方向に価値を求めるにつれて、現実の社会的関係と日常的現実への認識が希薄になるという道徳的成長像の問題が現われてくる。

教育改革言説の常套句は〈変化の激しい先行き不透明な社会を生き抜く力〉である。道徳科が〈よりよく生きる喜び〉を育めば育むほど、不透明とさえ説く現代社会の認識が一層薄まり、社会的現実から遊離した観念的生きがい論へ傾斜していく。

五　道徳教育における普遍性指向、その矛盾

押谷由夫は、道徳補助教材『心のノート』（二〇〇二年発行）の編成を中心的に担ってきた。その意図について、以下のように端的に語っていた。

「社会革命というか、要するに社会の基盤作りというのでしょうか。アメリカでも道徳教育は重視されています。なぜなら道徳は、ある意味で社会の安定、秩序を保ちます。…（中略）…やっぱり社会を維持発展させていく上で大切な価値というのはあるのではないか。それを共有化させていくことは、日本国民にとっても大切なことではないですか。心の教育、道徳教育は、国の根幹に関わる問題なんです。子どもだけの問題じゃないんです。…」[4]

道徳は、個人に道徳性を問い求める一方で、人間社会の安定と秩序維持を黙約させようとする。それならば、日本国憲法の理念に基づいて社会の安定と発展のための道徳性を目指せばよい。そうではなくて、道徳教育を通じて日本国憲法の歪曲を進めている。日本会議の会長だった三好達は二〇〇五年四月二九日、日本協議会の結成式典で（元最高裁長官の肩書で）来賓として祝辞を述べ、次のように語った。

「憲法改正のためには、それに先立ってどうしても早急にしなければならないことがある。それは、申すまでもなく教育基本法の改正であります。伝統・文化の尊重、愛国心の涵養、道徳性の育成などを織り込んだ基本法とし、その下でのまともな教育により、『日本の誇り』を持った国民を増やさなければ、我が国の歴史、文化、伝統に基礎をおく憲法改正は到底できない。その意味で、教育基本法改正こそ憲法改正の前哨戦であり、早急にこれを勝ち取らなければなりません」（日本青年協議会機関誌『祖国と青年』二〇〇五年六月号より）。

即ち、道徳教育が「政争の具」となり、子どもと教師の道徳性育成などに真の願いはない。憲法改正に向けた思想的結集を図るという難題を国民は背負わされている。

F・エンゲルス（一八二〇〜一八九五）は、「すべてのこれまでの道徳理論は、結局はそのときどきの社会の経済状態の所産である、と主張する。そして、社会がこれまで階級対立のかたちで運動してきたように、道徳もつねに階級道徳であった」[5]と論じていた。支配的権能を有する勢力は、

その物質的諸機能の維持のために支配的思想を醸成しようとして、永遠の、変わることのない「普遍的」道徳律を構想するものである。

ところで、日本国民が個人として、また個人の集合体として実践的に道徳的価値を生みだしていく要諦は、日本国憲法 第一二条にある。

第一二条【自由・権利の濫用の禁止】「この憲法が国民に保障する自由及び権利は、国民の不断の努力によって、これを保持しなければならない。又、国民は、これを濫用してはならないのであって、常に公共の福祉のためにこれを利用する責任を負う」。

これは、国民一人ひとりに対して、日々の社会生活に求める憲法上の要請である。これを基盤にして、今日に生きる国民が、国民自身のものとして社会的規範やモラル、道徳的価値をつくり出していく自覚的責務が求められている。勿論、立憲主義の憲法は公権力の側に「公共の福祉」のための「定型の公共（道徳）」を認めていない。国民の法的実践が真に道徳的であり、道徳的実践が法の理念に合致している社会を要請している。

日本国憲法は、人権尊重主義、平和主義、国民主権主義を定め、国民の側がもつこれらの憲法的諸価値を国家権力に対しては、擁護義務を課している。敗戦と占領状態下から戦後の日本が開始されたので、国民は日本国憲法に対して、それらを〈与えられたもの〉とする国民の意識が今日まで続いていて、近代立憲主義の理念は、学校教育の中でも見過ごされてきていた。

今日の道徳科は、（さらに）それを覆い隠す役割を帯びている。国家機構のもとで学校教育を通じて道徳性を全国民的に長く浸透させていくと、道徳観念は人間の本性から生まれる普遍的な観念と解釈されるようになる。日本国憲法という真に普遍的であるべきものが実在しているにもかかわらず、道徳観念という〝普遍性〟で塗り替えて、それを集結して憲法改正に持ち込もうとする〈ねじれ〉、及び〈逆行〉である。学校教師の心を「塗り替える」のが、道徳科（創設）の隠された目論見である。

これは荒唐無稽な論理ではない。日本国憲法に対抗する改正案が実在している。自主憲法制定を党是とする自民党は「日本国憲法改正草案」（以下、草案）を決定した（二〇一二年四月）。この「草案」が、現行憲法の基本理念を骨抜きにする問題を有していることを、伊藤真は『憲法は誰のもの？　自民党改憲草案の検証』（岩波ブックレット、二〇一三年）で、主要な四つの論点で示している。（ⅰ）立憲主義の放棄（ii）平和主義から戦争ができる国へ（iii）天皇の元首化と国民主権の後退（iv）人権の縮小と義務の拡大（具体的には、・人権の上位にある「公益及び公の秩序」・「個」のない「人」の尊重・繰り返される「公益及び公の秩序」・家族の尊重と扶養義務・義務を果たすことに前のめり・権利拡大には後ろ向き）。その問題点と道徳教育による日本国憲法の基本的諸価値の歪曲を迫る問題とが結びついて、ちょうどコインの裏と表の関係のようになっている。表1の内容項目・七項目以外にある（12）社会参画、公共の精神、（14）家族愛、家庭生活の充実、（16）郷土の伝統と文化の尊重、郷土を愛する態度、（17）我が国の伝統と文化の尊重、国を愛する態度、（20）自然愛護等々の内容は、むしろ「草案」と呼応し合っている。

「草案」と共振関係にあるのが、先述した日本会議の「新しい時代にふさわしい新憲法の制定」という運動方針である。日本会議の一機構である国会議員懇談会に参加する議員が、二〇〇〇年代以降の国政選挙の度に増加し、約二八〇人前後で推移している。同会議の機関誌『日本の息吹』（二〇二四年一月号）では、「安倍元総理が成し遂げられなかった憲法改正を実現する」（自民党／高鳥衆院議員）など自民党、日本維新の会、国民民主党がそろって改憲を主張している。

これが、国家（の企図する道徳制度）が国民に対して道徳的普遍性を提示する背景の実相である。ここに、支配的権力が道徳教育のもとで思想的支配の意思を内包しつつ、道徳観念を公教育に組み入れることによって起きる教育的問題の根底がある。

子どもの前に立つ教師は、自らの心に、その矛盾を背負わされている。

六　市民としての道徳性、道徳的認識力を育む道徳教育によせて

【市民の《創りだす》道徳に依拠して】

通例では、道徳は守るべきものと解されている。人間の思考や行動を統制する力をもっている。戸坂潤は、道徳の背後にある権力の権能を指摘し、次のように言いあてる。「道徳は併し権威を持っているというだろう。ところが、その権威は、実は単に権力が神秘化されたものに過ぎぬ。」(6)

この指摘に沿うと、「草案」は、国民に対して天皇の元首化と国民主権の後退、人権の縮小と義務の拡大を迫り、日本文化と伝統、郷土と国を守ることを明示（法文化）し、

それらを権威づける道徳観念が逐条化されていると把握できる。それによって日本国憲法の根本的理念を転換しようとしている。

イギリス、アメリカ、フランスなど、近代立憲主義諸国の憲法の本流を引き継いだ日本国憲法は、ジョン・ロックの「自然権思想」に基づいている。立憲主義とは、すべての人々を個人として尊重するために憲法を定め、それを最高法規として国家権力を制限し、人権保障を図る思想である。多くの日本国民は日本国憲法を一般法と同列に解釈しているが、国家権力が憲法に制約され、国民は一般法を守り、それに制約されている。

改めて、国民は憲法価値を自身のものとして作り出していく自主的課題が課されている。〈与えられたもの〉ではなく、創りだしていくものとして、不断の努力によって充実することを要請する日本国憲法の意味は極めて大きい。

国家との関係で扱われる〈国民〉と、憲法を制定する基盤として存在する〈市民〉とを比較考量すると、道徳性を考える場合には、国家との一定の距離を保つ意味を持たせる〈市民〉の立場で道徳を語るのが《創りだす》道徳に適っている。

市民は生命・自由・財産の権利等の自由権と人間平等をめざす社会権を持っており、これを守るための立憲的政府を承認した。同時に（法的一般意志のもとで）市民はモラル（道徳）を形成していく。すなわち、権威・統制の道徳から《創りだす道徳》の途へと進む。

自由権・社会権を有する市民の道徳性に関する認識や行動を支える中核は、科学的思考とその精神ではないだろうか。科学的認識を希薄にさせるような道徳的価値理解や道徳的態度は、科学が具え持つ実証と検証のスタイルを回避するので、時に論理的でない。道徳的な価値（観念）が人間のあり方や社会の現実と矛盾を起こすことなくより良い方向に指向しているかを自ら主体的に検証しつつ行動できるのは科学的な思考力に拠るほかない。この検証的な認識の仕方を道徳性領域の基盤に置くことで諸科学の認識様式との結節を果たすことができる。ここで、道徳における認識力の深化／発展を「道徳的認識力」と定義しておく。

道徳性の伸展について、佐貫（二〇一五）によれば、自主的判断力の形成が道徳性を高める根幹になるとして、道徳性の教育を進める場に生活指導と各教科の学習の場を示した。その教科学習による科学や文化の習得と科学的認識力の形成過程で確かな思考力・判断力・社会的正義の探究力が形成されて、価値基準を決定する道徳的判断力の確かな源泉となる。[7] 科学的認識の発達と道徳性の教育が結合するところに道徳性自体の伸展が展望できる。

【社会、歴史の進歩と結ぶ道徳性】

社会不可知論は、〈変化の激しい先行き不透明な時代〉を説明する理由になっている。自然科学は意識、目的、価値を持たない事象を対象とするから科学対象になり、そこには真理も解明できる。それに対し、社会科学は価値と意味を伴う人間の行動と結果の総体を対象にし、加えて、多様な民族や経済、政治体制を持つ社会の有り様は科学対象にはなり得ず、そこでは真理も法則性もない。だから、社会と歴史の未来は予測できない。

このような社会不可知論の土壌に、「価値観の多様性と多様な人生」「自己選択と自己責任」という多様化主義のイデオロギーを広げると、さらに社会の（客観的・科学的・法則的）認識を妨げる。その社会認識不可知論は、自然科学の到達を技術発展と生産力増強の「果実」に結び、人文科学と社会科学分野へは真理なき価値論の世界を描いていく。ひいては、多様な価値観を流布して多様な選択を促し（市場化）、各人の生き方を私事化させ、それを合理化する。

自然は規則的継続的に運動するのに対して、社会は人間の意識と理由、目的、価値が織り込まれた（偶然的）運動である。科学は、それが対象とする事物の真理を探究し、それら（事物の構造／運動）を体系化する。概ね、自然科学は因果法則を、社会科学は発展法則を解明しようとする。自然科学に遅れて社会科学が発展したのは、社会事象（という対象）の運動形態には先のような偶然的諸契機に加えて地勢的民族的要因が合成して多様な運動形態が現われ、その複雑な偶然性を貫く（物質の）経済的法則性を解明できるだけの歴史時間（歴史事実の蓄積）を要したからである。社会諸科学の歴史的継承と、他方で、社会的実践-社会的検証-社会的継承の蓄積が必要であった。今日では、諸科学の進歩とそれに対する人間の社会的実践は相補的に検証されてきている。そのもとで、諸科学が解明を続ける歴史的社会的な「人間（個人）」を、「自己」の側が引き受けて、「人間（個人）と自己」の統合された人間像を実践的に検証しようとする道徳的実践探究の途が開かれている。

【〈よりよく生きる（道徳）〉と社会との関係】

さて、人々が道徳的価値を理解して道徳的な実践をしたとして、それを社会全体から見ると、ひとつの社会的行為〈事実〉であり、より広義に見ると歴史的行動となる。人間の〈理由と目的〉の行為が、社会の中で〈要因と結果〉の行為に集約されていく。社会と歴史は人間の意識的活動をともなって、（従って）道徳的実践も社会的行為に掌握されて歴史的事実と結果に収まっていく。各個人の道徳的心情や行為と社会事実との関係をさえぎり、（只々）個人の選択行為の延長線上の日常を営んでいくとき、個人内の〈よりよく生きる〉人生のあり方や思考方法は、自己の観念世界を軸にして成立するから、国民各層の社会的棲み分けには有用である。(8)

〈よりよく生きる〉とは個人の価値選択行為であり、その道徳的判断・心情・意欲としての行為を社会（外部）から指示されていては道徳の自律性が成り立たない。道徳教育下でのよりよい生き方に迫る実践提起として、荒木（二〇一九）は、その一指標に〈道徳的価値自体を問う教育実践〉を提示している。(9) その思考方法のもとで道徳の普遍性を再考し、道徳的認識力を深める「考え、議論する」道徳教育は、子どもに科学的な見方・考え方を促していく。このような道徳的認識力を年月かけて養えば、賢明な市民として社会に共有されていく。

人々が、社会現実と自己の生き方を自らの内に重ねると、〈社会的によりよく生きる〉という統合的な道徳的意識を具えるに至る。それは、人間の共同観念を呼び起こし、国家的民族的障壁を越える〈地球市民〉をも自覚させていくだろう。

補記

鯵坂真著『日本唯物論史を学ぶ』（学習の友社、二〇二三年）第一二章の一 戸坂潤、（三）戸坂潤の道徳論の項で、「道徳に関する通俗的常識的観念」（一七五頁）が解説されている。そこでの〈これは明治憲法的・修身教育的道徳であり、要するに支配階級が国家の機能を動員して国民に押し付けている道徳の事です。その意味で、道徳は社会の上部構造であり、国民支配の道具である。通俗的常識的道徳（の特徴）は、徳目道徳主義であり、…略… これらの徳目を永久不滅の人間性だとみて、絶対不動の国民的伝統という非歴史的観念にしています〉の解説は、本論考の基本的見地を支えている。

また、筆者は、『明日の道徳教育 ―人間平等への国際的な歩みと共に―』（文理閣、二〇二三年）を出版した。そこでは理論編と実践編を組み入れたが、本小論は理論編の一部を引いている。今日の道徳教育は日本国憲法が示す諸価値の歪曲を許さず、子どもと市民の生活と権利の充実に適う道徳的認識力の形成を進めていく実践フィールドでの研究が強く求められている。そのための執筆とご理解賜りたい。

注

（1）翌年（二〇一四）の三月、貝塚茂樹は、同懇談会で道徳の教科化を提言したことを天野貞祐の命日（六日）の翌日（七日）に墓参して「報告」していた。貝塚茂樹（二〇一五）『道徳の教科化 ―「戦後七〇年」の対立を超えて―』文化書房博文社、一七三頁。貝塚が崇拝する天野（当時の文部大臣）は「修身科」の復活を提起し（一九五〇）、それが道徳の教科化の実質的な端緒となった。

（2）学習指導要領を告示した政権主体が日本人や日本人精神育成に関連して主導した政治行政的施策を一九五八年前後で提示すると、警察予備隊発足（一九五〇）、安保条約発効（一九五二）、警察予備隊を保安隊に改組（一九五二）、池田・ロバートソン会談で国防を確認（一九五三）、防衛庁設置法・自衛隊法公布（一九五四）、防衛庁が「学校教育に関する要望書」提出―自衛隊、国防・愛国心教育の強化を求める―（一九六二）が挙げられる。日本の国防問題が遡上する時勢に日本人精神が教化されるという関連性は戦前から連綿としている。

（3）『中学校学習指導要領解説 特別の教科 道徳編』は、道徳的価値理解と道徳性育成に向けて「物事を多面的・多角的に考え（一五頁）」させ、「多様な指導を工夫する（二二頁）」ように求める。ところで、社会のもとにある「多様な価値観」の存在を是認するが、（二二項目以外にもある）「多様な道徳的価値」の存在は認めていない。むしろ、「全ての内容項目について適切に指導しなければならない（二〇頁）」と規定し、「全ての内容項目が調和的に関わり合いながら、生徒の道徳性が養われるように（二一頁）」と、二二項目の内面化（定着）を指示している。勿論、義務教育九年間の毎年である。

（4）斎藤貴男（二〇一一）『「心」と「国策」の内幕』ちくま文庫、二二六～二二八頁。

（5）F・エンゲルス著、村田陽一訳（一九五五）『反デューリング論 一』大月書店、一四四頁。

（6）戸坂潤『戸坂潤全集 第四巻』勁草書房、一九六六年、二五〇頁。

（7）佐貫浩『道徳性の教育をどう進めるか』新日本出版社、二〇一五年、五七～六二頁。

（8）堀尾輝久（二〇一九）「国家・社会・教育構造の変化と教育理念の危機」『日本の科学者』Vol.54 No.1 通巻六一二号、本の泉社、四～九頁。
　この点に関して「新自由主義の能力主義と競争主義は

社会の格差化を必然化し、幼児教育から高等教育までの制度の多様化が進む。その中でグローバル人材の少数エリートの教育と中間層の確保と、脱力化・孤立化する大衆の愛国心による統合の政策が求められる。ポピュリズムともいうべき大衆動員がレジームの安全のために不可欠である」（九頁）と、格差化と多様化の関係、及び愛国心教育の政策的背景要因を指摘している。

（9）荒木寿友（二〇一九）「道徳教育における内容項目と教材」荒木寿友・藤井基貴編著『新しい教職教育講座 道徳教育』ミネルヴァ書房、一〇〇、一〇一頁。

（やすい まさる・元立命館大学教職支援センター・臨床教育学）

研究ノート

マルクスの思想と恐慌論――不破哲三氏の所説の検討

牧野広義

はじめに

『今、「資本論」をともに読む』（石川康宏・関野秀明・萩原伸次郎・山口富男共著、新日本出版社、二〇二三年）の中で、萩原伸次郎氏は「古いマルクス」と「新しいマルクス」とを区別して次のように述べている。「『古いマルクス』とは、いうまでもなく、恐慌を革命と直結させた、恐慌＝革命論を固く信じて疑わなかった時代のマルクスであり、あえて言えば、労働者階級の運動抜きの社会変革論ということがいえるだろうと思います」（一五一頁）。ここで「古いマルクス」とは、一八六五年前半に『資本論』第二部第一草稿を執筆する以前のマルクスであり、「新しいマルクス」とはそれ以後のマルクスが意味されている。この解釈は、不破哲三氏の恐慌論の研究と、それを取り入れた『新版　資本論』（日本共産党中央委員会社会科学研究所監修、新日本出版社）での監修者の注に基づいている。

しかし、「労働者階級の運動抜きの社会変革論」という解釈は、例えば『共産党宣言』（一八四八年）で、ブルジョアジーとプロレタリアートの階級闘争の発展によって「労働者革命」が起こり、ブルジョア社会が変革されると主張されていることと大きく異なる。

私は、経済学も恐慌論も専門外であるが、マルクスの思想をどう理解するかに関心をもっている。その点で、以下では、マルクスの思想の理解に関わって、不破哲三氏のマルクス恐慌論について検討したいと思う。

なお、経済学の研究者からは、不破哲三氏の恐慌論について次の著作で批判的な検討が行われている。

1　川上則道『本当に、マルクスは書いたのか、エンゲルスは見落としたのか――不破哲三氏の論考「再生産論と恐慌」の批判的検討』本の泉社、二〇二二年

2　谷野勝明「「恐慌の運動論の発見」と利潤率低下「矛盾の展開」論の「取り消し」はあったか」関東学院大学『経済経営研究所年報』第42集、二〇二〇年三月

3　谷野勝明『蓄積論体系と恐慌論』八朔社、二〇二三年

一　マルクス恐慌論の「大転換」とは

不破哲三氏のマルクス恐慌論の研究は次のように行われてきた。

不破哲三『マルクスと資本論――再生産論と恐慌』上・中・下（新日本出版社、二〇〇三年、以下の引用では、『再生産論と恐慌』と略記）では「再生産論と恐慌」についてのマルクスの研究を追跡し、『資本論』第二部の編集においてエンゲルスが利用しなかった、一八六五年の第二部第一草稿の中の「流通過程の短縮」という資本の運動形態に注目した（マルクス『資本の流通過程―第二部第一稿』中峯照悦・大谷禎之介他訳、大月書店、一九八二年、MEGA, II, 4.1, 1988）。

そして不破氏は次のような著作を次々と出版した。

『『資本論』はどのように形成されたか』新日本出版社、二〇一二年（引用では、『形成』と略記）

『マルクス『資本論』――発掘・追跡・探究』新日本出版社、二〇一五年（『発掘』と略記）

『科学的社会主義の理論の発展――マルクスの読み方を深めて』学習の友社、二〇一五年

『『資本論』完成の道程を探る』新日本出版社、二〇二〇年（『道程』と略記）

『『資本論』全三部を読む　新版』全七冊、新日本出版社、二〇二二年（『全三部』と略記）

これらの著作では、第二部第一草稿における「流通過程の短縮」が「突然のひらめき」（『形成』一三四頁）によって発見されたとされる。そして「商人資本の介在による架空の需要」が「生産と消費の矛盾」を引き起こすという議論が「恐慌の運動論的解明」ないし「恐慌の運動論」と呼ばれ、それが恐慌論の「重大な転換」（『形成』一二三頁）であり「大転換」（『道程』二四二頁）であるとされる。

これらの見解が『新版　資本論』の監修者の注で採用さ

れ、不破氏の見解がコンパクトにまとめられている。監修者の注で重要なものは次のものである。

1．第7分冊八五八～八六二頁の注では、『資本論』第二部第一草稿から、三つの文章が、「第一の文章」「第二の文章」「第三の文章」と名づけて引用されている。

2．第5分冊一二四～一二六頁の本文と注で、上記の「第二の文章」が、マルクスによって第二部の第五草稿に注として採用されたが、エンゲルスの編集によってそれが本文に組み込まれたことが紹介されている。

3．第5分冊一〇頁の注2では次のように述べられる。「マルクスは、一八六五年前半に執筆したこの第一草稿のなかで、恐慌論の根本にかかわる重大な発見を行っていた。この発見によって、恐慌が資本主義的生産様式のもとでは周期的に起こるこの循環の一局面であることが明らかになり、恐慌を革命的危機の根拠とした「恐慌＝革命」説や、利潤率の低下法則を資本主義の危機と結びつける論述などが、マルクス自身によってのりこえられることになった」。

4．第8分冊四頁の注では、「一八六五年前半にマルクスは第二部第一草稿を執筆したが、そのなかでの恐慌論の新たな発見は、『資本論』全体の編成や内容にかかわる大きな理論的な展開の起点となった。その見地は、続いて執筆した第三部後半（第四篇―第七篇）にただちに取り入れられたが、第三部の前半部分、とくに利潤率の傾向的低下を論じた第三篇には、マルクス自身が乗り越えた古い理論的命題が訂正されないままふくまれている」とされる。

不破氏がマルクスの恐慌論における「大転換」であるというのは、特に上記の1．の「第二の文章」である。そこでは、資本の循環（G―W…P…W′―G′）において、商人資本の介在によって、商品の販売（W′―G′）が現実の需要から独立化し、その架空の流通関係の拡大とその破綻によって恐慌が起こる、とされる。この「第二の文章」についての監修者の注では、「マルクスの新しい恐慌論がもっともまとまった形で説明されているのは、第三部第四篇第一八章　商人資本の回転。価格」の章である」（『新版　資本論』⑤一二六頁の注1）とされる。さらに、上記1．の「第三の文章」では、資本主義的生産様式は、流通過程を短縮する形態を信用のなかでつくり出すのであり、そしてこの生産様式によって同時につくられる世界市場は、この形態の作用を見えなくすることを助け、この形態を拡張する。恐慌を信用の濫用から説明することは、恐慌を資本の現象的な流通形態から説明することを意味する、とマルクスは述べている。

そして不破氏は、マルクスの恐慌論における「大転換」の意義と特徴を次の点でとらえている。

①一八六五年以前の「恐慌＝革命」説が克服された。

②恐慌の説明における「利潤率低下の法則」の意義を「取り除く」（『形成』二九二頁）ことになった。

③エンゲルスはこの「大転換」の意義を理解せず、第二部第一草稿を利用しなかった。

④「大転換」以降、マルクスの「経済学批判のプラン」（資本、土地所有、賃労働、国家、外国貿易、世界市場）に変更が生じた。

以下では、①から③について取り上げ、マルクスの思想の理解に関わる論点について、私の疑問を述べたいと思う（④は恐慌論の範囲にとどまらない大問題であり、別の機会に検討したい）。

二　商人資本による「流通過程の短縮」は「突然のひらめき」による「大転換」なのか

私はマルクスの恐慌論を学ぶにあたって、久留間鮫造編『マルクス経済学レキシコン』第6・7・8巻（恐慌Ⅰ・Ⅱ・Ⅲ）を参考にしてきた。『レキシコン』第7巻（恐慌Ⅱ）では、恐慌の「可能性を現実性に転化する諸契機」に関するマルクスの文章が体系的に収録されている。

不破氏が重視する「流通過程の短縮」にかかわる「商人資本」については、上記の『レキシコン』第7巻の「11．生産を駆りたてて消費の制限をのりこえさせる商業資本の役割」において、マルクスのいくつかの文章が収録されている（以下の［ ］は第7巻での引用文の番号）。そこでは、第二部第一草稿以前の著作から、「商業恐慌の可能性がある」として、「生産の側から商業と消費的交換との不一致を生じざるをえない」（『経済学批判要綱一八五七〜五八年』、［148］）という文章や、「商人層」の登場が「大量の空取引を可能にした」（同、［149］）という文章、さらに「商品生産者と商品消費者とのあいだの最終的な交換が行われるまえに多くの空取引が行われることを可能にする」（『経済学批判』一八五九年、〔150〕）という文章が収録されている。

また、不破氏が明らかにしているように、マルクスは、第二部第一草稿から、重要な文章（不破氏の言う「第二の文章」）を、第五草稿の注としてほとんどそのまま採用した。そしてエンゲルスはこれを第二部の本文として編集した。『レキシコン』第7巻では、エンゲルス版からその部分が〔151〕として収録されている。

こうして、『レキシコン』では〔148〕．〔149〕→〔150〕→〔151〕の発展が分かる。ここには、「商人資本」と恐慌との関連についての発展はあっても、「大転換」とまでは言えないのではないだろうか。

三　エンゲルスが第二部第一草稿を利用しなかったのは誤りか

上述のように、マルクス自身が、第二部第一草稿の重要部分を第五草稿の注としてほとんどそのまま採用し、それをエンゲルスは第二部の本文として編集した。エンゲルスが本文にしたことによって、この部分の重要性がより明瞭になったのではないだろうか。

マルクスは、第二部第一草稿の「第三の文章」で述べた「信用」や「世界市場」の問題を、それを扱うに相応しい第三部で展開している（『レキシコン』第7巻〔152〕〜〔169〕、『レキシコン』第8巻、Ⅸ 世界市場と恐慌）。その意味でも、第二部第一草稿はマルクス自身が後に詳しく展開するためのものであったと言えるであろう。

そしてマルクス自身が、第一草稿の内容を第二草稿から第八草稿にかけて書き直したのであり、第一草稿は完成稿ではそのままでは利用しないと考えていたのではないだろうか。したがって、エンゲルスが第二部第一草稿をそのまま採用しなかったのは、誤りとは言えないのではないだろうか。

四　「恐慌＝革命」説とその克服とは

1．マルクスの「恐慌＝革命」説

マルクスは次のように述べた。「新しい革命は新しい恐慌に続いてのみ起こりうる。しかし革命はまた、恐慌が必然的であるように確実である」（「評論」一八五〇年、全集⑦四五〇頁、不破『形成』一〇一頁）。

マルクスは、『共産党宣言』などで、「恐慌」が一八二五年以来一〇年周期で起こってきたことを前提にしている。

そして、この恐慌に続いて起こる「革命」とは、労働者階級を中心とした〝革命運動〟の意味である。一八五七年恐慌の後も一八五八年に革命運動が起こることを期待したのであるが、その期待は裏切られることになった。

2．不破氏の「恐慌＝革命」説の理解

不破氏は、「恐慌＝革命」説を「恐慌を資本主義体制の危機に直結させる従来の恐慌観」（『形成』一四四頁）と述べている。この表現では、「恐慌＝革命」説の「革命」とは〝革命運動〟ではなく、「資本主義体制の危機」と理解されていると思われる。これはマルクスの見解とは異なるのではないだろうか。

また不破氏は、『形成』に続く著作である『発掘』では、先のマルクスの言葉について次のように述べている。「つまり、資本主義社会では、恐慌はいったんおさまっても、やがて次の恐慌がやってくる。そしてその時は、四七年恐慌が四八年革命を引き起こしたように、新しい革命が必ず起こる。こうして恐慌と革命の相互作用によって資本主義社会の変革の時代が始まるのだ」（『発掘』一三〇頁）。

私は、この『発掘』における表現の方が『共産党宣言』の思想に近いと思う。しかも『共産党宣言』では、恐慌に示される生産力と生産関係の矛盾という「武器」をとるプロレタリアートが登場し（服部文男訳、新日本出版社、六〇頁）、つまりプロレタリアートが恐慌をチャンスととらえて革命運動を起こし、その運動によって「革命的団結」がつくり出され（七〇頁）、その増大によって「労働者革命」が起こると主張されている（八四頁）。つまり、マルクスの「恐慌＝革命」説は、「恐慌」を客観的な根拠としながら、労働者階級の運動の発展による「革命」を主張しているのである。

また、不破氏は、「恐慌に周期性があるということ」はマルクスも論説や手紙で触れていたとした上で、次のように述べている。「しかし経済学上の問題としては、『五七～五八年草稿』でも『六一～六三年草稿』でも、産業循環を資本主義経済の自然の姿としてとらえる見方は出てきません」（『形成』一六七頁）。

しかしながら、不破氏が引用している『経済学批判要綱一八五七～五八年』の中の次の文章は、恐慌の周期性の理解を含んでいるのではないだろうか。

「生産力の最高の発展は、現存する富の最大の拡大と相まって、資本の減価、労働者の退廃、そして彼の生命力の最もあからさまな消尽と同時に生じるであろう。これらの

矛盾はもろもろの爆発、激変、恐慌をもたらすが、そのさい資本は、労働の一時的な停止や資本の大きな部分の破壊によって、自害することなくその生産力を引き続き十分に充用できるような点にまで、強力に引き戻される。それにもかかわらず、規則的に生じるこれらの破局は、さらに高い規模でのそれらの反復に、そして最後には、資本の強力的な転覆にいたることになる」（『草稿集』②五五九頁、『形成』一一九～一二〇頁。傍線は牧野）。

ここで「規則的」とか「反復」という表現は、恐慌の周期性を前提としたものであろう。

3．マルクスによる「恐慌＝革命」説の克服

マルクスの「恐慌＝革命」説とその克服については、研究者の間でも議論がされてきた。例えば、中村哲氏は次のように述べている。「恐慌が革命の引き金になるという考えは資本主義の現実によって得られたものではなく、革命家マルクスの主観的願望と一八四七年恐慌に続いて起こった一八四八年の革命の経験であった。……一八五七年の恐慌に続いて革命が起こると期待していたが、現実には革命は起こらず彼の予測は外れ、マルクスは恐慌革命論を放棄する。一八五九年一月に執筆した『経済学批判』「序言」中で、彼は『一つの社会構成は、それが生産諸力にとって十分な余地をもち、この生産諸力がすべて発展しきるまでは、けっして没落するものではなく、新しい、さらに高度の生産諸関係は、その物質的存在条件が古い社会自体の体内で孵化されてしまうまでは、けっして古いものにとって代わることはない』と言っている。恐慌革命論が主観的な願望にすぎなかったことにたいする反省が現れている」（「マルクスの歴史分析の方法」中村哲編著『経済学批判要綱における歴史と論理』青木書店、二〇〇一年、三九頁）。

同時に、私は同じ『経済学批判』「序言」の次の文章にも注目したいと思う。「このような諸変革の考察においては、経済的な生産諸条件における自然科学的に正確に確認できる物質的な変革と、人間がこの衝突を意識するようになり、この衝突を闘って決着をつける場となる、法律、政治、宗教、芸術、または哲学の諸形態、簡単に言えばイデオロギー的諸形態とを、つねに区別しなければならない」（マルクス『経済学批判』序言・序説』宮川彰訳、新日本出版社、一四～一五頁。傍線は牧野）。

ここでは、「経済的な生産諸条件」における「物質的変革」や「衝突」（つまり恐慌や経済的な闘争）と、この衝突を「闘って決着をつける場」である政治や法律およびイデ

オロギーでの闘争とが区別されている。また「自然科学的に正確に確認できる」とは、天体の運動などとの類比で、恐慌が一〇年周期で起こることなどを念頭においていると思われる。これらの議論は、経済的な恐慌を政治的な革命運動と直結させる「恐慌＝革命」説を克服するものとして重要な意味があると思われる。

以上から、私は、中村哲氏と同じく、「恐慌＝革命」説を克服する思想がすでに一八五九年の『経済学批判』「序言」にあると考える。

ここで、小論の冒頭で引用した、萩原伸次郎氏の議論をふり返っておきたい。萩原氏は、先に引用した言葉に続いて次のように述べている。「利潤率の減少が、資本主義的生産様式の制限を表しており、『資本は無意識のうちにより高度な生産形態の物質的諸条件をつくり出す』(⑧四四五頁)とのべ、生産力の発展と矛盾し、衝突する資本主義的生産の歴史性は、『周期的恐慌のうちに現れる』(⑧四五三頁)と言っています。ですから、恐慌をきっかけにして新しい社会が生まれる、つまり『古いマルクス』がここで述べられているわけです。そして、『資本が形成していく一般的な社会的力と、この社会的な生産諸条件にたいする個々の資本家たちの私的な力とのあいだの矛盾は、ますます際立つものとして発展していき、そして、この関係の解消を含むことになる。というのは、これ〔この関係の解消〕が、それと同時に、生産諸条件の、一般的・共同的・社会的な生産諸条件への変革を含むからである』(⑧四五三～四五四頁)とマルクスは言っています」(萩原一五一頁)。そして、ここで引用されたマルクスの文章について、萩原氏は「第一部を読んできた私どもは、マルクスは、ここで主体なしの変革論を言っているのではないかと疑問が出てくるわけです」(同)と述べている。

しかしながら、ここでマルクスが論じていることは、資本主義における「生産力と生産関係の矛盾」は「恐慌」として現れ、それが「社会革命」の経済的条件であるということではないであろうか。萩原氏が引用している『資本論』第三部の議論は、『経済学批判』「序言」で言う「経済的な生産諸条件における物質的な変革」を論じたものとして理解できるであろう。マルクスは、一八六五年以前においても、労働者階級の経済闘争・政治闘争・イデオロギー闘争による社会変革という視点を明確にもった上で、『資本論』ではあくまでも「経済学批判」として、資本主義変革の経済的条件を解明しようとしたと考えられる。『資本論』第一部においても、第二四章の最後で、マルクスは資本主義社会の変革について、本文ではその経済的条件を中心に論じて、注で『共産党宣言』からプロレタリアートによる革命を論じた部分を引用している。このことは、経済的矛盾を客観的な基礎として、労働者階級の主体的実践によって社会革命が起こるというマルクスの根本思想は一貫していると言えるのではないだろうか。

五　利潤率の低下の法則は、恐慌論から「取り消された」か

1．利潤率の傾向的低下の法則とは

まず、「利潤率」は次のように表現される。

$$\frac{\text{剰余価値 } m}{\text{可変資本 } v + \text{不変資本 } c}$$

不破氏は、この法則について次のように説明している（『形成』一一四～一一五頁）。

・「資本主義的生産のもとでは、生産力の発展とともに、資本総額の中で、不変資本の比重が相対的に大きくなり、可変資本の比重は相対的に小さくなる」。

・「資本のうち、剰余価値を生み出すのは可変資本だけである」。

・「したがって、剰余価値率に変動がない場合でも、総資本に対する剰余価値総額の割合、すなわち利潤率は、生産力の発展とともに低下の傾向をたどる」。

2．マルクスによる利潤率の低下と恐慌

マルクスは、先にも引用した『経済学批判要綱一八五七～五八年』において、「利潤率の低下」と「恐慌」について次のように論じた。

「前提された資本に対して、利潤として表現されたときの剰余価値の割合が小さいのを、充用される労働全体について、必要労働に対する分け前を減らし剰余労働の量をさらにいっそう拡大することによって抑制する、ということである。それゆえ生産力の最高の発展は、現存する富の最大の拡大と相まって、資本の減価、労働者の退廃、そして彼の生命力の最もあからさまな消尽と同時に生じるであろう。これらの矛盾はもろもろの爆発、激変、恐慌をもたらすが、そのさい資本は、労働の一時的な停止や資本の大きな部分の破壊によって、自害することなくその生産力を引き続き十分に充用できるような点にまで、強力に引き戻される。それにもかかわらず、規則的に生じるこれらの破局は、さらに高い規模でのそれらの反復に、そして最後には、

資本の強力的な転覆にいたることになる」（『草稿集』②五五九頁、『形成』一一九～一二〇頁、傍線は牧野）。

３．不破氏の解釈についての疑問

①上記の「資本の強力的な転覆にいたる」というマルクスの議論の解釈

不破氏が恐慌論の「大転換」を発見する前には、上記のマルクスの文章は次のように解釈されていた。

（A）「マルクスは……資本主義が自動崩壊することを期待する『自動崩壊論』者ではけっしてありません。資本主義的生産に終止符が打たれるのは、自動崩壊ではなく、反復する、しかもより高度になる破局の繰り返しのなかで、社会を変革する力が準備され、『資本の強力的な転覆』（革命）、つまり歴史に働きかける人間の自覚的な活動によってであることを、マルクスは、この『草稿』でも正確に指摘しています」（『再生産論と恐慌』上、一七四頁）。

ところが、恐慌論の「大転換」の発見の後には、同じ『草稿』についての解釈が逆転する。

（B）「『利潤率の低下の法則』は強度に数学的な法則だということです。……その数学的な作用を、革命という社会変革の必然性と結びつけるという理論は、科学的社会主義の理論と運動がきびしくいましめてきた資本主義の自動崩壊論、経済的な矛盾と破綻から資本主義体制が崩壊に向かうという、経済的な自動崩壊論に落ち込むことになるのではないだろうか。こういう疑問をさけることはできない、と思います」（『形成』一六八頁）。

同じマルクスの文章について、不破氏の解釈が（A）から（B）へと逆転している。不破氏の解釈の前者から後者への逆転について、谷野勝明氏は「この評価の一八〇度転換の理由は説明されていない」（谷野論文、三九頁）と述べている。私は、谷野氏と同様に、不破氏の（A）の解釈が正しく、（B）の「経済的な自動崩壊論」という解釈には大きな疑問がある。このような解釈の逆転は、恐慌論の「大転換」があったという解釈と結びついているように思われる。

②「利潤率の低下の法則」は強度に数学的な法則であり、資本主義的生産関係が入り込む余地はないという理解について

不破氏は次のように述べている。「私は……マルクスの議論の最大の問題点は、『利潤率の低下の法則』を『資本

関係』、すなわち資本主義的生産関係の側でとらえて、これを生産力の発展と対立させて、そこに資本主義的関係の桎梏化をみている点にあると思います」(『形成』一二〇頁)。「マルクス自身が……表現してみせたように、労働の社会的生産力の『資本主義的生産様式に特有な表現』、もっとはっきり言えば、数学的表現にすぎないのです。そこには資本主義的生産関係が入り込む余地はありません」(同、一二一頁)。

しかしながら、マルクス自身が「利潤率の低下の法則」を「資本主義的生産様式に特有な表現」と述べているように、それは単なる数学的表現ではないと思われる。「資本主義的生産様式」とは、資本主義的生産関係がつくりあげている生産の様式である。資本は剰余価値の増大(利潤追求)のために不変資本を増大させて生産力を発展させる。しかしそれが利潤率の低下となる。ここでは目的(利潤)と手段(生産力の増大)とが矛盾することになる。また利潤追求のための搾取の増大が労働者の貧困化と消費の制限を引き起こすことになる。こうして「生産と消費の矛盾」が生じると考えられる。

また、不破氏は、「私が、そういう疑問をもつ最大の理由は、この現象は、資本主義的生産様式に特有のものでは決してなく、社会主義・共産主義の経済体制でも、避けることのできない現象だからです」(『全三部』6、九〇頁)と述べている。そして、社会主義・共産主義の段階でも、「『剰余労働』の『総資本』(使用される生産手段の総体と労働者が消費する消費手段の合計)にたいする比率が累進的に低下するという法則は、体制の転換とはかかわりなく、作用し続けるはずです」(同)と述べている。

しかしながら、この議論には次の点で疑問がある。第一に、「自己増殖する価値」としての資本に特有な、「利潤率」、「剰余価値」、「可変資本」、「不変資本」という概念は、まさに「資本主義的生産様式に特有な概念」ではないだろうか。

第二に、マルクスは、『資本論』第一部で、「資本主義生産様式が廃止されれば、労働日を必要労働に限定することが可能となる」(『新版　資本論』3、九二〇頁)と述べている。つまり、「剰余労働」はなくなるとしている。しかし必要労働は拡大するとされる。その理由は一面では、「労働者の生活諸条件がより豊かになり、生活諸要求が増大する」からであり、他面では、「今日の剰余労働の一部は、必要労働に、すなわち、社会的な予備元本および蓄積元本に必要な労働に、算入される」(同)からである。また、

『資本論』第三部では、資本主義的生産様式の廃止後も、「剰余労働の一部」が「保険元本」や「蓄積元本」となり、「生産に参加できない人びとのための剰余労働」が残るとしている（『新版　資本論』12、一五一七頁、一五六六～一五六七頁）。この第三部の議論も、資本主義が廃止されても、資本主義のもとでの「剰余労働の一部」であった労働は残るという意味ではないであろうか。生産に参加している人にとっても、自分が「生産に参加できない人」になった場合の費用を社会的に準備する必要がある。これは「必要労働」と考えられるであろう。マルクスの見解は、彼自身が出版し第二版で修正した『資本論』第一部の議論を基準にして解釈するべきであると思う。社会主義・共産主義社会では、「社会的な予備元本」も「蓄積元本」も「生産に参加できない人びと」のための費用も、「必要労働」に算入されて、「剰余労働」はなくなると理解するべきではないだろうか。

　第三に、未来社会において「人間と自然との物質代謝」を合理的に規制し共同で制御するための生産手段は、資本の利潤追求のための手段のように巨大化・高価格化するとは限らない。それは原子力発電や火力発電と、太陽光発電や風力発電との違いにも示されている。そして循環型経済の実現は、資源や生産手段の節約につながると思われる。この意味でも「利潤率の低下の法則」は「資本主義的生産様式に特有な表現」と言えるであろう。

③マルクスは「利潤率の低下の法則」を恐慌論から「取り除いた」か

　不破氏は、マルクスからエンゲルスへの手紙（一八六八年四月三〇日）から次の文章を引用している。「社会の進歩につれての利潤率の低下傾向。これは、すでに、社会的生産力の発展につれての資本構成の変化について第一部で展開されたことからも、明らかだ。これこそは、これまでのすべての経済学を困惑させた難問にたいする最大の勝利のひとつなのだ」（全集32、六二～六三頁、『形成』二九一頁）。

　この言葉について不破氏は次のように述べている。「この解説は、……社会の進歩、産業の進歩とともに利潤率がなぜ低下傾向を示すのか、この難問をマルクスが完全に解決したという、マルクス経済学の『最大の勝利』の指摘という一点に絞ったものです。このことは、すなわち、第三篇旧稿にあった、この法則を恐慌論や体制的危機論と結びつけて議論した部分はすべて取り除く、ということです」（『形成』二九一～二九二頁）。

不破氏は、マルクスがこの法則を恐慌論や体制的危機論から「取り除いた」ことの論証として他の著作でも同じ議論を繰り返している。

しかしながら、そもそも「体制的危機論と結びつけて」というのは不破氏の解釈であろうし、〝マルクスが草稿で書いたが、それを手紙では言わなかった議論は、それを「取り除く」ということになる〟と、はたして言えるであろうか。そう言えるとすると、マルクスの草稿にある多くの重要な議論が「取り除かれる」ことになるのではないだろうか。

当の手紙は、生産力の発展というブルジョア経済学にとっての「社会の進歩」が「利潤率の低下」になるという「難問」を解明したことを述べているのであり、これは、資本主義的生産関係とそれを擁護するブルジョア経済学への批判であり、「最大の勝利」であるということであろう。実際、マルクスは「利潤率の低下の法則」を恐慌論から「取り除く」とは明言していないのである。

以上の点で、不破氏のマルクス恐慌論の形成過程の研究は貴重であるが、恐慌論の「大転換」という解釈や、それを「恐慌＝革命」説の克服と結びつけたり、「利潤率低下の法則」を恐慌論から取り除くという見解には疑問があると言わなければならない。マルクスの思想に関心のある方々や経済学の専門家の方々のご検討を期待したい。

（まきの　ひろよし・阪南大学名誉教授・哲学）

エッセイ

高等学校国語教育の最近の動向について

向井哲夫

筆者は現場の高等学校の国語教育を離れてから十数年経つが、高校国語教育に関する関心はいまでも持っている。本稿では二〇二二年の一年生から実施されており、二〇二〇年日本学術会議からも「高校国語教育の改善に向けて」という批判的検討がなされている高等学校国語の新学習指導要領に関する検討をおこなう。二〇一六年の中央教育審議会答申にもとづく二〇一八年告示の高等学校学習指導要領の国語の学習指導要領とその解説である『高等学校学習指導要領（平成三十年告示）解説国語編』（文部科学省、東洋館出版社、二〇一九年。以下この書を『解説』と略称する）を中心的に検討する。以下高等学校国語の新学習指導要領と『解説』の問題点を指摘する。引用は国語新学習指導要領と『解説』による。

第1節　読むことはアクティブでない？

新国語政策の問題点の第一は読むことの軽視とおもわれる。現代文関連についてこれが顕著である。「聖域」（日本古典文学の特質については加藤周一『日本文学史序説』筑摩書房、一九七五年参照）のような古文・漢文の領域ではそれほど顕著ではない[1]。二〇二二年の一年生から現場で実施されている高等学校国語の場合、必履修科目（履修と修得は別の概念）の「現代の国語」（「実社会における国語による諸活動に必要な資質・能力を育成する」）二単位（週二時間。年七〇時間の授業）では読むことはわずか十から二十単位時間となっている。授業でいえば一・二か月で終わる。必履修科目の「言語文化」（「上代から近現代に受け継がれてきたわが国の言語文化への理解を深めることを主眼とし」と現代文より古典に傾斜している）二単位は古典を読むことに主眼がある。選択科目「論理国語」（四単位。「近代以降の論理的な文章及び現代の社会生活に必要とされる実用的な文章」を扱うとされる）、選択科目「文学国語」（四単位。「近代以後の文学的な文章」を扱うとされる）、選択科目「国語表現」（四単位）、選択科目「古典研究」（四単位。古典及び漢文。日本漢文も含める）が新設されているが、「論理国語」も約半分の時間を「書くこと」と規定。「国語表現」四単位にいたっては「話すこと・聞くこと」「書くこと」がすべてであり、「読むこと」には時間を配分していない。

新政策で「読み」が軽視されているということは、紅野謙介『国語教育　混迷する改革』の一二八頁でも「そして今回の学習指導要領改訂で最大のポイントとなるのが、教材を読む授業を減らしていこうという方針です」と的確に指摘されている。

およそ十数年前から続く相次ぐ改革の中で高等学校国語教育の場合、「話すこと・聞くこと」「書くこと」が強調される一方、「読むこと」が特に現代文領域で軽視されてきたように思われる。一九九五年の国語の学習指導要領では、選択必須の国語表現Ⅰ・国語表現Ⅱは読むことのない科目であった。この読むことがない・ないし少ないという傾向は今回の改定でむしろ加速し、国語の学習の基本領域に及んでいる。『解説』は「高等学校の国語教育においては、教材の読み取りが指導の中心になることが多く」「高校学校では、教材への依存度が高く、主体的な言語活動が軽視され、依然として講義調の伝達授業に偏っている傾向があり、授業改善に取り組む必要がある」などという中央教育審議会答申の一面的見解に追随する。国語の授業で一方通行の受動的な方式がとられているという現状認識のもとで、生徒の「アクティブ」が求められ、結果読むことが軽視され、教科書が薄くなり、場合によってはなくなる。各科目の話すこと、聞くこと、書くこと、読むことの授業時間数は注の（2）の一覧表を参照。『解説』に掲載されている表である。[2] 必履修科目の「現代の国語」と大多数の生徒が選択履修するとみられる「論理国語」で読みが少ないことが特に留意されるのである。以下の記述も主にこの二つの科目を念頭におくものである。

筆者は高等学校の国語においては、読むことが中心に置かれなくてはならないと思う。先人の哲学・文学などの成果をまず学ぶのである。『論語』の衛霊公篇に「子の曰く、吾れ嘗て終日食らわず、終夜寝ねず、以て思う。益なし。学ぶに如かざるなり」とある。学ぶ・まねぶ（まねる）ことから思索は発展する。零から出発する思想や文化はない。とりわけ哲学や文学の基礎的素養のない高校生においては、書くことや話すことよりも、読むことが第一義に置かれなくてはならない。

新学習指導要領や『解説』のように読むこと、つまり教科書を読むことを軽視するのではなくて、先人・現代人の思考のあとをたどり、生徒の発達の段階に応じた、生徒の知的刺激になるような哲学的・文学的・思想的内容に富んだ作品を含む、集団的英知を結集して編集された（現場の一人一人の教員の見聞は限られたものだ。得手不得手もある）教材を読むことが必要である。かつて国語教科書にも、琉球処分に言及しつつ沖縄の文化を論じたり、自由民権運動の五日市憲法草案をあつかった教材もあった。いま日本の高校国語教育は教科書の内容統制から実用主義かアナーキー、現場まかせへと傾斜しつつある中で[3]、一定の量をもった読む教科書の復権が必要だ。

国語教育にとって読むことを中心に据えるならば教科書の確保は大切なことである。教科書に頼らずという雰囲気が醸成され、現場の自由を尊重する風であるが、自主教材といっても、長文を印刷して教材にすることは技術的に難しい。木下順二の『夕鶴』のような作品の教材をつくることは学校の輪転機と製本機械では不可能だ。用紙の印刷費もばかにならない。著作の無断コピーは場合によって著作権に抵触する。かくして教科書の薄い科目や教科書のない科目では新聞記事のコピーなどが教育実践としてはやることになる。組合の教研などでの教育実践報告を聞いているとみなそうなのだ。現代日本において新聞報道の自由は一つの幻想であるのに。文部科学省の国語政策は教科書統制・介入から、教科書の放棄へと変わった面がある。ここには、一定の長さをもったすぐれた教材にもとづき、読み、考えさせ、討論させ、書かせるという視点は弱い。『解説』は「主体的・対話的で深い学び」（アクティブ・ラーニングのかわりの表現という）というのだが、どのようなものを読むことを土台に授業を展開するかという視点が欠けている。まとまった一定の長さを持った「文章」は読む者に深い印象を与えるが、様々なジャンルの思想的・文学的長文を読むという国語科という科目にしかできないことが軽視されている。

筆者は大学教育のことは知らないが、最近の大学生の読書歴をきけば、高校教育改革なるものが進んだ今日、かつての高校卒業者が読んでいたであろうような国語の教材を読んでいない学生がいることに気づくはずだ。近現代文学の知識の欠如など、新学習指導要領や『解説』の方向で進めば、この傾向はますます深化するとおもわれる。『解説』は「近年、大学の初年次教育において、論文やレポートなどの書き方に関する講義が必要になっていることなどを踏まえ、『現代の国語』や『論理国語』を中心に充実を図っている」などというが、もっとも憂慮すべきは、人格形成期の多感な高校生が読むべきものを読んでいないということではないか。所謂単位制とか総合学科の推進とともに、高校教育全体に国民としての共通教養ないし基礎基本などの概念が希薄化してきた。一九九六年に総合学科を新設した京都のある私立高校では「国語・英語・数学などの必須科目を必要最低限に抑えた授業展開を試みた」という。これと大差のない単位制高校や総合学科への改変は全国に吹きまくってきた。学習指導要領の総則はいまでも「多様な各教科・科目を設け生徒が自由に選択履修することができるよう配慮するものとする」という。筆者は「高校教育改革について　高校三原則を中心に」(「教育」一九九六年十一月・十二月号、国土社)、「定時制通信制の単位制高校について」(「未来をひらく教育」二〇〇〇年冬期号、同時代社)などでこうした高校改革に関する批判的検討をおこなった。高校教育の全体にわたる高校教育の理念の不明確化は、高校の各教科・科目についてもそれがいえるのだ。

国語の新学習指導要領や『解説』は大方読むことよりも、話すこと・聞くこと、書くことを重視する。生徒に考えさせ討論させることは大切なことである。筆者の高校時代、国語の授業で生徒に教科書に書いてあることをもとに討論させるのに巧みな先生がおられた。筆者も緊張しながら、意見を述べたりしたものだ。それが国語力や思考力の向上に役立ったとおもう。しかし、その場合でも教科書をひとつの材料としていたのであり、何もないところで討論させたりしていたわけではない。読むことを、話すことと切り離してはいなかった。『解説』は「主体的・対話的で深い学び」の掛け声(このなんともとれるスローガンが一連のアクティブ・ラーニングという教育改革のテーゼである)のもとで、読むことを軽視するのだ。ここに多くの教師が教科書がないか薄い科目で戸惑っている原因がある。いったい読むことはactive能動的でなくpassiveな受動的行為なのだろうか。十分能動的営みではないのか。ちなみに『高等学校学習指導要領(平成三〇年告示)解説総則編』には「主体的で・対話的で深い学びの実現に向けた授業改善

（アクティブ・ラーニングの視点に立った授業改革）」と全科目について「アクティブ・ラーニング」による授業改革を指示している。

新学習指導要領は「話す」ことを重視するという。「現代の国語」「国語表現」はそれを重点目標に掲げる。話し言葉は西洋古代には、弁論術や弁証法としてみがかれてきたものである。中国にも「説」という説得術があつた。話し言葉の技術も大切なものである。現代でも『話し言葉の技術』（金田一春彦、講談社、一九七七年）というような本がある所以である。しかし、読むことを大幅にカットしてまで、国語科教育の柱になるとは思えない。新指導要領は読書習慣の養成をいうが、読むことを軽視しつつ、「聴衆に対してスピーチしたり、面接の場で自分のことを伝えたり、それらを聞いて批評したりする活動」というようなスピーチのようなことを柱にして、読書習慣が形成されるとも思えない。

『解説』は「言語文化」「古典探究」では古典をとりあげ、読むことを重視して、「上代以降、近世に至るまでの間に日本人がつくった漢詩と漢文とをいう」とする「日本漢文」もとりあげるとするが、安藤昌益・大塩中斎・山片蟠桃など江戸時代の多様な思想家や鎌倉期の宗教家の作品にみられるような、それなりに豊かな漢文で書かれた日本の思想的文学的作品を取り上げるのではないだろう。「日本漢文」によってどのような教材を導入しようとしているか注意される。

なお、読むことの縮小、教科書の縮減は国語科の柱の一つである漢字の学習にも否定的影響を及ぼす。読む中で思考力・批判力・書く力も形成され、語彙も増大し漢字の書写能力も開発されるのではなかろうか。これが教科書の縮減によって困難になる。『解説』は教科書を縮減する一方、「基礎的な漢字の習得ができていない生徒の実態にもよるが、漢字の学習のみをまとめて取り出して練習したり、短時間のテストなどを継続的に実施したりすることは望ましくない」などと漢字ドリルなどを使うような漢字練習にもストップをかける。『解説』は「高等学校では、共通必履修科目の『現代の国語』及び『言語文化』において、主な常用漢字を書き、文や文章の中で使うことを求めている」などというが、読むことがすくない「現代の国語」や「論理国語」では文章のなかでの漢字の学習など不可能である。『解説』の読みの削減は国語科の学習の柱であった漢字の学習に著しい困難をもたらすはずである。

第2節　フランスの高校国語授業改革と真逆な日本の国語改革

たかが高校国語教育という向きがあろうが、高校教育の国語などにおける読みの内容が国民の文化の質を規定しているのをフランスにみる。高校に国語科も含めて哲学・文学などの文献の読みの学習があるから、フランスでは哲学・文学などの社会的基盤が構築され、社会全体に哲学・文学などの営みが盛んで、哲学的文学的著作などの創作も盛んとなる。社会全体に哲学的・文学的営為が盛んであるから、これが逆に高校教育に哲学・文学などへの教育が展開されることを許容することになる。大学入試でも哲学の長時間の筆記試験がおこなわれる。学校教育と社会の間で良い意味での循環が生じている。日本の高校にも「倫理」という科目があるではないかという意見もあるかもしれないが、「倫理」という科目を実施している高等学校は少ない。

フランスでは国語教育のなかに哲学・文学などの読解がしっかり位置づけられているという。日本学術会議の言語・文学委員会と古典文化と言語分科会二〇二〇年六月三〇日の「高校国語教育の改善に向けて」（ネットで閲覧が可能である）の「提言」の参考資料十二は大旨次のようにいう。

フランスの「文学」の概念はかなりひろい。詩、演劇、小説、随筆だけでなく、哲学・宗教・政治・社会を論じた著者もふくまれる。デカルト・パスカル・ルソーの著作も「国語」の授業で学ぶのはそのためである。……「国語」と「哲学」の授業はフランスの高校教育の根幹をなしている。……なお二〇一九年秋の新年度から「人文学・文学・哲学」という新しい科目が第一学年用に設置された。……国語の教員と哲学の教員が連携して授業を担当することが期待されている。

筆者は「本提言の作成に当たって、現場の高校教員は直接関与していない」とするこの学術会議の「提言」の形成の仕方には若干疑問があるのだが、このフランスの高校の国語教育に関する紹介は大変有益であると思う。核兵器をもち原発大国フランスの政治全般を評価するものではないし、日本と違って高等学校制度は日本人が容易に理解できないほど複線型である。しかし、フランスの文化的思想的伝統を継承するとみられる高校一年から哲学・文学などの文献の読みと学習を重視する日本とは真逆な国語教育政策には傾聴すべきものがあると思う。そこには高校生の人生論・世界観の確立に向けての援助と真摯な取り組みを見ることができる。そしてフランスでは教育の大綱を決めるだけで、教科書検定はないといい、また教科書を使わない自由もあるという。日本の思想界は哲学・文学を問わず、フランス哲学・文学・思想などからの影響が大変大きい。私も高校生から浪人時代にかけてロマン・ローランの影響を受け、ロマン・ローランが推奨するので大学に入りレーニンの著作をよんだものだが、こうした文化がどのような教育制度の成果なのか考えてみるべきではないか[4]。

第3節　多くの高校生に近現代文学の素養の形成は必要ない？

新国語政策の第二の問題点は、「論理国語」を選択し「文学国語」を選択しない場合、生徒が近現代の詩・小説・劇などの文学的文章に接することが著しく困難になるという点である。近現代文学は国語の内容の柱のひとつであったはずである。新指導要領と『解説』には国語の履修単位数が少ない一群の生徒、理系や専門学科などの高校生、定時制・通信制の高校生（二〇二〇年約二八万人）には近現代文学などいらないという意図がある。必履修科目の「現代の国語」は読むことも「現代の社会生活に必要とされる論理的な文章及び実用的な文章」と指定されており、「論理的な文章も実用的な文章」も「小説、物語、詩、短歌、俳句などの文学的な文章を除いた文章である」と明確に規定されている。多くの生徒がとると考えられる「論理国語」には近現代文学のはいる余地はない。

ネット情報によれば「現代の国語」の教科書に「現代の国語」の設定の意図に反して小説を取り入れた教科書の採択率が高いという。教科書会社と現場の抵抗のあらわれだ。日本文芸家協会も二〇一九年一月高校国語の新方針は「おそらく戦後最大といってもいい大改革」と批判し、「高校・大学接続『国語』改革についての声明」をだしている。国語の単位が多い場合も、「文学国語」を選択することが少なく、結局近現代文学の学習が大きく後退すると指摘する。

しかし、世間で問題になり、批判されているのは、多くの生徒が小説などの文学教材に触れることがなくなるということであり、もっと広く評論・エッセイなどと言われた散文の思想的領域の教材も赤信号がともっていることにはあまり批判がない。「論理的」な文章という玉虫色の表現の裏にあるものは哲学的・思想的な文章の排除が隠されている。高校国語教育の改変になにも発言のない日本の哲学界・思想界は高踏的といえようか。日本の高等学校の国語科の領域と大学の哲学系・人文科学系の関連は著しく希薄であり、フランスなどとは比較にならないのだろう。日本の哲学界などは、「倫理」という科目を除けば高校教育と関りが薄い。高校の国語には現代文という領域があり、哲学系などの学科の学生が教員に志望してもいいはずであるが、国語教育免許取得のために、国文や漢文の単位をおそらく二〇単位ほど追加してとらねばならず、現実的には不可能である。もっと哲学系ないし人文科学系の学生が、高校国語教師の免許取得を容易にするような措置が必要になっているとおもわれる。

第4節　実用主義に大きく傾斜する国語教育

新国語政策の問題点の第三は、実用主義というべきものが高校の新国語科政策の柱になっていることである。「現代の国語」はただでさえ少ない読みの時間の内容を規定して、「現代の社会生活に必要とされる論理的な文章及び実用的な文章」とし、「現代の国語」の全体の目標は「実社会に必要な国語の知識や技能」とされる。「論理国語」という選択科目を設定しているが、読むこととして「近代以降の論理的な文章及び現代の社会生活に必要とされる実用的な文章」と内容を規定している。何に重点があるのか内容がよくわからない曖昧な文章である。「読む」ことのない科目「国語表現」は「実社会において必要になる、他者との多様な関わりの中で伝え合う力の育成を重視した科目」とされる。

『解説』などでよく言われている「実用的な文章」とはどういうものか。「現代の国語」や「論理国語」の『解説』では「実用的文章」について例えば次のようにいう。

　一方、実用的な文章とは、一般的には、実社会において、具体的な何かの目的やねらいを達するために書かれた文章のことであり、報道や広報の文章、案内、紹介、連絡、依頼などの文章や手紙のほか、会議や裁判などの記録、報告書、説明書、企画書、提案書などの実務的な文章、法令文、キャッチフレーズ、宣伝の文章などがある。また、インターネット上の様々な文章や電子メールの多くも、実務的な文章の一種と考えることができる。これらのうち、ここでは、現代の社会生活に必要とされるものを取り上げることを示している。論理的な文章も実用的な文章も、小説、物語、詩、短歌、俳句などの文学的文章を除いた文章である。

こうした「実用的な文章」のすすめは旧学習指導要領の国語の現代文にもみられたが、新国語政策の特質は実用主義に大きく傾斜したところにある。例えば『いざというとき困らない文書・書式実例集』（広田伝一郎監修、西東社、一九九一年）はビジネスライフ取引文書や冠婚葬祭の文も含めていろいろな実用的文を挙げている。『そのまま使える短いスピーチ・挨拶実例集』（深見公子、成美堂出版、二〇二〇年）はスピーチの例をあげる。こうした実用文の作成練習やスピーチの訓練が高校国語の全てではないにしても主たる目標の一つになるのであろうか。実用的文やスピーチ・演説なるものはそれこそ実社会で実践的に身につけていくべき知識・技能ではないか。さらにあまりに専門的文書は司法書士、弁護士、会計士などの仕事になるはずだ。

実用主義は古典の領域にも及ぶ。『解説』は古典の領域では江戸時代の教科書といわれる『庭訓往来』などの「往来物」を推奨することで目立っている。「往来物や漢文の名句・名言などを読み、社会生活に役立つ知識の文例を集め……」という。これも実用主義のひとつのあらわれである。

とにかく、『解説』には「実社会」という言葉がやたらに多い。高等学校国語の学習指導要領に実社会という語が中心概念になっている（「現代の国語」「論理国語」「国語表現」の目標の筆頭は「実社会に必要な国語の知識や技能を身に付けるようにする」）のと対応している。一九九九年の国語の学習指導要領とその解説である『高等学校学習指導要領解説国語編』（文部省）も実社会との関わりには触れているが、これほど「実社会」という言葉はみられなかった。学習指導要領自体には実社会という語は存在しなかった。『解説』などは「キャリア教育及び職業教育」なるものを重視するが、国語の実社会重視はその一環なのであり根が深い[5]。ちなみに『解説』は「実社会」について「実社会とは、私たちが生きる現実の社会そのものである。実社会に必要な国語の知識や技能を身に付けるとは、学校生活や身近な社会生活における様々な関わりを含みながらも、社会人[6]として活躍していく高校生が、他者と関わる現実の社会において必要な国語の知識や技能について理解し、それを適切に使うことができるようにすることを示している」と規定する。「実社会」は限りなく企業社会にちかい。

国語の新学習指導要領の実用主義は要はかっての「読み

書きそろばん」の現代版といえる。私事ながら、筆者の祖父は一八七二年（明治五年）生まれ。福井県梅浦の寒村に小屋のような家で生まれた。曾祖母は文字通り「読み書きそろばん」を叩き込み、祖父は後北海道に渡り、樺太と函館で商人として大成したという。「読み書きそろばん」は当時としては意義があったのだろうが、新国語教育方針はそれへの時代錯誤的退行である。上野浩道『知育とはなにか　近代日本の教育思想をめぐって』（勁草書房、一九九〇年）にみられる「そこでの教育の目的は、教育は生徒に生きることを教えることであり、実用的人間ではなく真の人間を形成することであるとして実用主義的教育を退けたルソーや石川啄木の提起するヒューマニズムの思想とは全く異質のものであった」（二二六頁）というかつての「人づくり」政策批判が想起される。

終わりに

以上新国語教育方針を検討してきたが、多くの若者に哲学や近現代文学などの基礎的教養は必要ないのか、読むことと知性の発達は如何、漢字の学習は如何にあるべきか、そもそも教育の基本目的は何かというわば基本的な問題が提起されているのである。しかし、新学習指導要領の強要と影響は長く続く。二〇二五年からはどんな試験問題が出題されるか注目される新学習指導要領にそった大学入学国語試験も行われる。そうした中で今や多くの高校生の哲学や文学のセンスの形成は、家庭の教育に委ねられることになった、高校教育では放棄されたと銘記しておくべきであろう。文学に効用があるだろうか。筆者は高校時代から浪人時代にかけて、小説（英語の原文を含む）をよく読んだ。未熟ながらも、人生観や恋愛観（恋愛も大切な文学の永遠のテーマである）の形成に役立った。それがあって大学に入ってからは全共闘や一時期接近した原理研に基本的に批判的であり得た。自分の若いころの読書遍歴に照らしても、高校国語の新学習指導要領には強く疑問をもたざるを得ない。

注

（1）私は現代文を犠牲にしつつ古典・漢文の領域を「聖域」とするような思考方法には疑問がある。「聖域」は相対化する必要がある。例えば、日本古代文化は朝鮮と密接な関係をもつことを教科書は記述すべきである。『解説』は「言語文化」について「我が国の文化と外国の文化との関係について理解すること」としている。

（2）各科目の「内容の取扱い」に示された各領域における授業時数。

	〔思考力、判断力、表現力等〕		
	話すこと・聞くこと	書くこと	読むこと
現代の国語	20〜30単位時間程度	30〜40単位時間程度	10〜20単位時間程度
言語文化		5〜10単位時間程度	【古典】 40〜45単位時間程度
			【近代以降の文章】 20単位時間程度
論理国語		50〜60単位時間程度	80〜90単位時間程度
文学国語		30〜40単位時間程度	100〜110単位時間程度
国語表現	40〜50単位時間程度	90〜100単位時間程度	
古典探究			*

*「古典探究」については、1領域のため、授業時数を示していない。

（3）拙稿「高校国語教科書と日本文化論」（「教育」一九八六年五月号、国土社）は高等学校国語教科書と日本文化論および「反動思想」の関係について検討を行ったもの。戦中の『近代の超克』の論文とほとんど主旨をかえない小林秀雄の文章が国語教科書にのっていることや、戦争中の小説、山本周五郎の『日本婦道紀』が採用されていることなどを批判。

（4）フランスの高校においては哲学が必修科目であり、最終学年になると文系理系を問わず、高校生は週に四から八時間の哲学の授業をうけるという。

（5）一九九五年の日経連の「新時代の『日本的経営』」以後非正規雇用が増大。結婚したくてもできない若者が激増した。日本は急速に人口減少社会となっている。「キャリア教育」の元がゆらいでいる。大西広『「人口ゼロ」の資本論　持続不可能になった資本主義』（講談社、二〇二三年）参照。

（6）『解説』は「国語科の目標」として、「高等学校国語科は、従前、社会人として必要とされる国語の資質・能力の基礎を確実に育成することを重視しており、今回の改訂でもそれは変わりはない」とする。国語科の教育目標を「社会人」の養成とする。この見解は前の国語科の学習指導要領にもみられたが、かつて一九六六年の「後期中等教育の整備拡充について」の別記の所謂「期待される人間像」では、国家主義という批判はあるもの、「日本人として特に期待されるもの」として、「個人として」「家庭人として」「社会人として」「国民として」の理想像があげられていた。いつの間に、「個人として」「家庭人として」が削除され、「社会人」（日本的用語であるという）の形成に教育の目標が特化したのだろうか。

参考文献（本文中で言及したものは除く）
柏倉康夫『エリートのつくり方　グランド・ゼコールの社会学』ちくま書房、一九九六年
中野三敏『読切講談　大学改革　文系基礎学の運命や如何に』岩波書店、一九九八年
紅野謙介『国語教育の危機　大学入学共通テストと新学習指導要領』ちくま書房、二〇一八年
榎本博明『教育現場は困ってる　薄っぺらな大人をつくる実学志向』平凡社、二〇二〇年
シャルル・ペパン『フランスの高校生が学んでいる十人の哲学者』永田千奈訳、草思社、二〇二二年

（むかい　てつお・元大阪府立高校教諭・中国哲学）

追悼

亀山純生さんへの追悼と思い出

尾関周二

関西唯研の会員であり、この研究誌にも論文を寄せていた亀山純生さん（東京農工大学名誉教授）が、二〇二三年一〇月二八日に急性肺炎で逝去された。享年七五歳であった。

私にとって全く予期しない突然で大変残念な逝去であった。私は、亀山さんとは、半世紀以上にも及ぶ、身近で親しく付き合った仲間であった。実際、亀山さんは京都大学の学生の頃には哲学科の後輩で、セツルメントや学生運動の仲間であった。東京農工大時代には、研究・教育の同僚であり、教職員組合の活動や東京農工大学の改革をともに努力した。

私は少し熱心に学生運動をしていたこともあり、京都の大学院を出てなかなか定職が見つからず関西一円で非常勤講師をやっていたが、三〇歳直前に当時の有力誌『現代と思想』で募集していた戸坂潤賞にたまたま論文を応募して賞をいただいた。そして、これを機縁に東京農工大学に赴任することになったが、まもなく幸運なことに倫理学の非常勤講師のポストが当時の文部省の道徳教育を強化するという方針もあって、これを常勤ポストにすることができた。それで、当時、亀山さんに応募を薦め、四、五名の有力な候補者がいたが、亀山さんがその研究業績から最もふさわしい方と全員一致し、採用されることができた。

亀山さんと私は、セツルメント活動で得た現代社会批判という学問姿勢の基本点では共通しつつも、研究関心などはかなり違ったが、それが学生の教育では、お互いに補うことになったと思う。亀山さんは倫理学担当で、フォイエルバッハ、日本中世思想・宗教学などが専門だったが、私は哲学担当でカント・ヘーゲル・マルクス、社会理論・人間学が専門だった。このことが、学生には広い教養の機会を提供できることになったと思う。研究関心の違いということでは、後述するように、じつはもう一段深いところで私も含めてたいていの研究者とは大きく違う一面があったと思う。

さて、亀山さんは、農工大の発展のために様々に尽力し、特に、赴任してしばらく工学部に属し、一般教育部解体の後は農学部に属した関係もあって、工学部の先生からも信頼が厚く、農学部と工学部の人文社会科学系の橋渡し役を務めた。一般教育部解体の後、人文社会科学系の教員達はまとまって農学部に属して、「人間自然共生学コース」を、また大学院では農経の教員と一緒に「共生持続社会学専攻」を新たに設立することになり、教養教育だけでなく、環境系の専門教育も行うことになった。

亀山さんも一般教育や教職の倫理学だけでなく、専門の環境思想系の倫理学を教えることになった。それらの教育・研究を通じての研究成果に関して単著としては、前者では『人間と価値』(青木書店、一九八九)や『うその倫理学』(大月書店、一九九五)であり、後者としては『環境倫理と風土——日本的自然観の現代化の視座』(大月書店、二〇〇五)などが著された。亀山さんは、これによって専門研究の環境倫理学の一つの到達点として「風土的環境倫理」という考えを、フォイエルバッハの人間学的唯物論を基礎にして和辻哲郎やA・ベルクの風土論の批判を通じて提唱した。その大きな研究的意義とともに思うのは、亀山さん自身が北陸・能登、さらに言えば七尾の風土的自然によって育まれたユニークな人物であったということである。

ところでさらにまた、亀山さんと私は、現代社会批判を踏まえた環境や農業に関わる思想関係の研究に関して有意義な共同研究をなすこともでき、お互いの弟子たちも参加して本を出版することができた。ちょうど二〇〇〇年代初めの頃に、沖縄国際大学の武田一博さんが国内留学で私の研究室に来ていたこともあり、三人の共同研究として『環境思想キーワード』(青木書店)や『〈農〉と共生の思想——〈農〉の復権の哲学的探求』(農林統計出版)などを共編著で出版することができた。おそらく唯物論関係の研究者でこういった〈農〉に焦点をあてた類の著書を出版することはこれまでなかったことと思う。

亀山さんの唯物論研究関係で特筆すべきは、やはり唯物論と宗教の関係であろう。彼は、唯物論者であるとともに宗教者(僧侶)であったからである。唯物論研究協会の「シリーズ現代批判の哲学」の一冊として発刊された『現代日本の「宗教」を問い直す』(青木書店、二〇〇三)において彼の考えが展開されている。一九九五年のオウム真理教事件によって浮かび上がった「宗教」を巡る社会的思想的問題に対して、日本の既成宗教の無力と旧来の唯物論の一面性を批判的に明らかにしつつ自らの見解を展開している。そして、この本の「あとがき」で「私は学生時代以来四〇年弱、迷走しながらも、宗教と社会の関係、唯物論における宗教の内在的位置づけを自らの思想的理論的課題としてきた」と語っている。さきに述べたようにお寺の住職を継いで僧侶として生きることと学生時代のセツルメント活動を通じて得た社会的問題意識への唯物論的研究姿勢とをいかに両立させるかが彼の大きな課題であり、誠実な彼はそれを正面から生涯受け止め続けたのである。

ここで思い起こすのは、キリスト教を念頭に独自な宗教論の議論をした唯物論関係者に亀山さんの先輩でもある故・両角英郎さんがいたことである。両角さんから逝去される少し前に『宗教・唯物論・弁証法の探究』（文理閣、二〇一二）という著書をいただいた。今から思うと、上記の亀山さんの宗教論を両角さんはどう考えたのか聞きたいものであるが、当時は思いつかなかったのは残念である。

さきにふれた亀山さんのユニークさの由来をさらに言えば、彼は緊張をもって唯物論研究者とともに七尾の浄土真宗のお寺の僧侶でもあり続けたということが大きいと思う。このことが彼の活動や研究の原点にあったように思われる。

そして、この同じ問題を自らに引き寄せて〈親鸞〉に焦点化してまとめたのが、『中世民衆思想と法然浄土教』（大月書店、二〇〇三）であり、さらに、上述の歴史的環境論的視点を加えて『〈災害社会〉・東国農民と親鸞浄土教・夢から解読する〈歴史に埋め込まれた親鸞〉と思想史的意義』（農林統計出版、二〇一二）を発刊した。自らの積年の問題意識を土台にして、これまでの〈親鸞〉への歴史研究的アプローチと哲学・思想的アプローチを統合する研究の水準を新たに切り開こうとする意欲的なものであった。

唯物論研究者で宗教の問題を研究しようとする者にとって亀山さんの業績は大いに参照され、引き継がれ、深められるべきであろう。宗教にうとい私としてはそのことを深く願うばかりである。

最後にふれておきたいのは、彼は私が著した著書や論文を常に丁寧に読んで有益なコメントをくれたが、このことに心から感謝したいと思う。

心からご冥福をお祈りいたします。

二〇二四年三月二六日

（おぜき しゅうじ・東京農工大学名誉教授・哲学）

編集後記

本号は、二〇二三年秋から二〇二四年冬の関西唯物論研究会の活動の成果を中心に編集しています。

特集1「ウクライナ戦争をどう見るか」は、二〇二四年三月までの現状を踏まえて執筆していただきました。

山田論文では、国連憲章の原則をもとに、公正な平和にむけての外交努力の強化を主張しています。同時に、日本の大軍拡と日米軍事同盟の現状を批判し、平和のための変革を説いています。

聽濤論文は、レーニンのウクライナ論や、ロシアとウクライナの歴史的関係を踏まえて、ウクライナ戦争を終わらせるために、まず停戦したうえで、和平交渉を進めることを主張しています。

特集2「ここにある社会主義」は松井暁氏の近者をめぐる議論です。

芦田書評は、本誌でも取り上げた芦田氏の「資本に対抗する民主主義」論をもとに、松井氏の自由主義の発展としての社会主義論を立ち入って論評しています。

松井論文は、芦田書評に応えながら、松井氏の著書の主張を掘り下げて説明しています。この両者の議論によって、資本主義論・社会主義論をめぐる今日的な論点で鮮明になっています。

太田書評は、松井氏の著書が一般読者に向けたものであるという観点からの書評です。「ここにある社会主義」という主張の意義を明らかにしています。

安井論文は、小中学校の「特別の教科」として設置された「道徳」について、その歴史的経過を踏まえて批判し、憲法改悪と結びついた道徳教育の押しつけに反対する議論を行っています。

牧野読書ノートは、不破哲三氏のマルクス恐慌論研究について、恐慌=革命説や利潤率の低下法則など、マルクスの思想の理解と関わって検討しています。

向井エッセーは、高校の国語教育が近年、読むことの軽視や実用主義に傾いていることを批判して、高校教育への関心を喚起しています。

関西唯研創立以来の会員である亀山純生氏が逝去されました。長年の友人であり同僚であった尾関周二氏に追悼文を寄稿していただきました。

（Ｍａｋ）

唯物論と現代　第六九号
ウクライナ戦争をどう見るか
二〇二四年六月三〇日発行
編　集　関西唯物論研究会
発行人　伊勢俊彦
発行所　図書出版　文理閣
〒600―8146
京都市下京区七条河原町西南角
電　話　075（351）7553
ＦＡＸ　075（351）7560
ISBN 978-4-89259-957-6